manfred buchingers **alte schule**

manfred buchingers

alte schule

rezepte

NP
BUCHVERLAG

Bibliografische Information Der Deutschen Bibliothek
Die Deutsche Bibliothek verzeichnet diese Publikation in der
Deutschen Nationalbibliografie; detaillierte bibliografische Daten
sind im Internet über http://dnb.ddb.de abrufbar.

© 2003 by Niederösterreichisches Pressehaus
Druck- und Verlagsgesellschaft mbH
NP BUCHVERLAG
St. Pölten – Wien – Linz

www.np-buch.at
verlag@np-buch.at

Umschlagfotos: vorne © Thomas Apolt, hinten © Christian Sudrich
Grafische Gestaltung: Kurt Hamtil, verlagsbüro wien

Gesamtherstellung:
Niederösterreichisches Pressehaus
Druck- und Verlagsgesellschaft mbH
A-3100 St. Pölten, Gutenbergstraße 12

ISBN 3-85326-129-9

inhalt

vorwort

das vorwort zu einem, meinem buch schreibe ich selbst. denn ich habe zu viele philosophische und weihevolle vorspanne gelesen, manche kleben wie kernfett am gaumen, verkleben die geschmackspapillen für das wesentliche und über geschmack streiten mag ich gerne. vorwortschreiber lassen nicht mit sich streiten, meinen, nur ihre art zu salzen zählt, ausnahmen bestätigen zwar die regel, sind aber selten.

mir ist eine aus dem jahr 1771 wie frisches kernöl (das gibts mittlerweile auch im weinviertel) den schlund hinuntergesamtet: „an das schöne geschlecht ...“ (dazu gehört heute auch der mann am herd). „... ob es gleich heutiges tags an kochbüchern nicht mangelt, mithin deswegen der einfall, ein neues abzufassen, als etwas ganz überflüssiges scheinen mag, so werden sie doch ...“ (vorrede von madame le prince de beaumont)

die gleichen gefühle hat man, wenn man 232 jahre später ein buch rund ums kochen schreibt. ich selbst hab ja schon fast 2000 stück davon, es ist eine sucht von mir, dafür nehme ich keinen speed, wie manche meiner überforderten freunde. bin auch irgendwie rechtzeitig ausgestiegen, um mich im weinviertel mit meiner art des kochens, des schlichten gastgebens, mit den produkten, der landschaft und den leuten neu zu orientieren.

es ist wichtig, sich mit sich und seiner umgebung auseinander zu setzen, die spiele der erwachsenen habe ich in 29 jahren auf vier kontinenten, in konzernmitarbeit reichlichst gelernt. verantwortlich für fast acht millionen essen, liebe ich nun beschaulich übersichtliches. zu lande, auf schienen, zu wasser und in der luft habe ich bereits gekocht. in der so genannten weinviertler einschicht sind nun zwiebeln, schalotten, spargel und vor allem erdäpfel meine neuen spielpartner: mit erdiger ehrlichkeit gesegnet, mit butter vollendet.

nennen sie meine küche wie auch immer sie mögen, sie ist heimisch, wo ich bin. mir fällt meistens erst ein, was aus den produkten werden soll, wenn ich sie sehe und ich sie brauche, so ist sie also eine küche des augenblicks, mit relativ wenig vorbereitungszeit, den wurzeln in der vergangenheit und den techniken der zukunft.

deshalb auch der zweideutige titel „alte schule – rezepte". und vielleicht passt es auch zu meiner art, dass auf der rückseite des kochbuchs ein zweites, anderes titelfoto zu sehen ist. warum keine fotos? weil viele meiner küchenspezis, „kollegen", mit ihren perfektionen schon ihre phantasie lahm gelegt haben. ich möchte, dass sie meine rezepte nachkochen, nach dem bild, das aufgrund des textes bei ihnen entsteht, dadurch gibt es nach vollendetem rezept ein gericht, eine mahlzeit und ein geschmackserlebnis, nicht das gefühl, „ich habe versagt", am foto vom „chef" schaut's aber besser aus ... foodstyling in florenz, paris, santa monica, genf, london und hamburg von mir konnten sie in news, wiener, basta, vogue, feinschmecker, gusto, filmen und fernsehwerbung bewundern, nun lesestoff und theater für kopf und kochlöffel ...

ich schreibe klein, weil ich nicht zu den ganz großen gehöre, aber sehr wohl zu den sehr guten köchinnen und köchen, die im tourismusland österreich gar nicht so unwichtig sind und auch den staatssäckel nähren.

mit meinen rezepten wünsche ich ihnen viel glück, denn das gehört außer kochen-können zum gelingen dazu. wenn sie üben, meine rezepte verändern, weiterentwickeln und verwenden, dann machen sie mir damit die größte freude: meine rezepte sind nun ihre!

dieses buch wäre ohne eva rossmann, „sous-chef" (gast & krimiautorin), nie geschrieben worden.

Ihr Manfred Buchinger

als besonderes service für unsere hochdeutsch sprechenden freundinnen, freunde und alle, die schon immer etwas weinviertlerisch lernen wollten:

das weinviertlerisch-deutsche küchenwörterbuch

blunzn blutwurst

eierschwammerln pfifferlinge

erdäpfel kartoffeln

faschiertes hackfleisch

fleckerln zu kleinen quadraten geschnittene nudeln

germ hefe

häuptlsalat grüner blattsalat, kopfsalat

haxl fuß, keule, stelze

hendl huhn

holler hollunder

kalbsschulterscherzl dicke schulter vom kalb

kitz ziegenjunges

knödel kloß

knofl knoblauch

krapferln das kann alles mögliche bedeuten: kleine gebäckstücke, die sonst wo in österreich kekse (hochdeutsch plätzchen) heißen, aber auch kleine krapfen (die aus germteig bereiteten und in fett herausgebackenen nennt man weiter nördlich „berliner"), wurstkrapferln hingegen lassen sich einfach nicht übersetzen, die muss man probieren ...

kren meerrettich

marille aprikose

maroni edelkastanien

maggikraut liebstöckel

nockerln kleine mehlklößchen

obers sahne

palatschinken pfannkuchen

paradeiser tomate

plutzer kürbis

pofesen gefüllte und gebackene brötchen

rindsfederl rinderhals oder faux filet

röster koch (nein, nicht der, der mehr oder weniger über die küche herrscht, sondern eine süßspeise von ziemlich weicher konsistenz), geröstetes obst, ähnlich dem kompott

saumaisen hackfleischlaibchen im schweinsnetz

schafsgupferl schaf-frischkäse

schlagobers geschlagene sahne

schwammerln pilze

semmel brötchen

stallhase kaninchen

sturm noch „arbeitender", gärender jungwein

surschopfbraten mild gepökelter schweinshals

topfen quark

truthahn pute

vogerlsalat feldsalat, nüsslisalat (auf englisch klingt er aber am schönsten: dandy lion)

waller wels

wandl terrine

zeller sellerieknolle

zwetschken kleine pflaumen

vorneweg

fast alle rezepte sind für vier personen berechnet – außer (siehe das nächste) es wäre unpraktisch. letztlich liegt es aber immer am persönlichen appetit und dem umfang der speisenfolge, ob zwei, vier oder sechs personen mit der vorgeschlagenen menge zufrieden sind.

original weinviertler gemüsewürze
die legendäre suppenwürze des weinviertels wurde früher im keller im gurkenglasl aufbewahrt, heute sind es meist kleinere gläser und sie lagern im kühlschrank, da hält die würze fast ewig.

alle gemüse werden gewaschen und im fleischwolf oder cutter grob faschiert. roh in drehverschluss-gläser einfüllen und kühl stellen.
auf 1 liter klare suppe ca. 2 esslöffel gemüsewürze verwenden (verwendet man zu viel, wird die suppe zu salzig).
> 700 g karotten
> 700 g gelbe rüben
> 800 g zeller
> 1 stange lauch
> 1300 g zwiebeln
> 500 g geschälte paradeiser
> 1000 g petersilienwurzeln mit etwas grün
> 2 zweige maggikraut
> 1200 g salz

salz

salz ist wichtig, doch sollte man immer mild damit arbeiten. auch desserts verlangen nach salz, aber nur nach einem minimum.
ohne salz geht nichts, salz ist die wurze des lebens. (stammt nicht von mir, ist trotzdem gut ...)

salzstangerln

solche selbst gemachten salzstangerln ergeben mit einem einfachen aufstrich (zum beispiel dem kümmel-kas, siehe seite 175) ein amuse gueule, das deutlich anspruchsvoller anmutende konkurrenten wie nichts in den schatten stellt ...

alle zutaten zimmerwarm werden lassen, dann alles bis auf das ei mit der küchenmaschine zu einem glatten teig verarbeiten. nur so viel milch beifügen, dass sich der teig von selbst vom knethaken löst. teig auf einem bemehlten brett fingerdick ausrollen, zu dreiecken mit einer seitenlänge von ca. 6 cm schneiden. von einem ende her aufrollen, sodass stangerln entstehen. mit verschlagenem ei bestreichen, mit grobem salz und kümmel bestreuen. bei 160 grad ca. 20 minuten knusprig goldgelb backen.

    600 g glattes mehl
    1 tl grobes salz
    1 pk germ
    ca. 1/4 l milch
    200 g butter
    1 ei
    kümmel

spargel

spargel

spargeltöpfe, spargelköpfe:

spargeltöpfe stammen aus einer zeit, in der man noch nicht mit dämmen arbeitete. sie sahen aus wie höhere blumentöpfe ohne loch, einer stand neben dem anderen auf dem feld, damit der aus der erde sprießende trieb durch abdecken weiß bleibt. wenn man einen tag nicht darunter sieht, wächst der spargel wie ein „drahdiwaberl" im topf kurvig herum.

geruch nach spargel, den gibt es seit frühester jugend bei mir, wo sortierung und qualitätsnormen noch keine begriffe waren. frische zählte immer. garten, topf, mund, magen, das war das credo, und nicht kühlen, storen, verschicken, konservieren.

spargel stand nicht an straßenecken, sondern im garten. in den achtziger jahren war ich mit jean vettard in lyon am markt und er ließ eine stange spargel beim probieren ungeniert fallen. der spargel zersprang fast wie glas. so lehrte er mich, trickreich frische zu erkennen und sich nicht nur auf gewaschene und neu abgeschnittene enden zu verlassen.

saucen wie hollandaise, béarnaise, choron und maltaise traktierten über lange zeit bis heute den spargel geschmacklich bis zur unkenntlichkeit. generationen von köchen ängstigten sich bei der machart, dem warmhalten und den filigranen emulsionsgeheimnissen der bindung. dass dieses „niederbuttern" auch den kunden schadet, erkannten erst junge köche, deren freundinnen ernährungsberaterinnen waren, den rauchenden ärzten haben wir kaum zugehört. dadurch hat sich vieles verzögert, was nun mit aller vehemenz gefordert werden darf.

spargel bei mutter, das hieß nudelsuppe mit dünnen, aus dem spargeltopf geholten, wie korkenzieher gedrehten stangen. das holzige wurde mitgekocht, nichts durfte verderben, was gott geschenkt hatte. was man nicht essen konnte, wurde ausgelutscht wie hummerscheren, die es nicht gab.

bringen sie sich nicht um den höchsten spargelgenuss, indem sie sich bereits im märz und anfang april mit ausländischem spargel voll- und abessen. unsere landschaft gibt das um diese jahreszeit, auch im glashaus und unter folien, noch nicht her. schenken sie den heimischen spargelbauern mit ihrer geduld eine marktchance. spargel ab hof in dieser frisch gestochenen frische ist konkurrenzlose qualität.

für alle spargelrezepte können sie weißen oder grünen spargel verwenden, grüner hat etwas kürzere garzeiten.

spargel richtig kochen

3 l wasser aufstellen, mit reichlich salz und zucker würzen.
tipp: spargelwasser soll etwas überwürzt schmecken.
den spargel schälen (weißen direkt vom kopf weg bis zum ende, beim grünen eine handbreit, ca. 10 bis 12 cm, nach dem kopf beginnen). in kochendes wasser einlegen, wenn es mit dem spargel wieder aufwallt, je nach dicke maximal 1 bis 5 minuten bei ganz kleiner flamme ziehen lassen. die köpfe sollten dabei vom kochenden teil wegschauen.

    800 g marchfelder spargel
    salz, zucker

meine spargelmarinade

alle zutaten mit einem stabmixer pürieren.
zu lauwarmem spargel, erdäpfelstrudel, osterschinken oder gebratenen fischen servieren.

    1/8 l buttermilch
    1/8 l raps- oder olivenöl
    saft einer halben zitrone
    prise zucker, salz
    1 entkernter, geviertelter apfel
    (variation: 200 g endstücke oder bruch vom marchfelder spargel,
    mit etwas salz weich gekocht und passiert beigefügt)
    etwas basilikum oder kerbel

klare spargelsuppe

spargelschalen und endstücke bzw. bruch von 2 kg marchfelder spargel und 1 l wasser aufkochen, 10 minuten auf kleiner flamme auskochen und abseihen.
tipp: man kann den fond mit einer vegetarischen suppenwürze geschmacklich verstärken oder mit 1/2 l hühnersuppe kräftiger machen.
einlage: jede form von nudeln, spargelstücke, grüner spargel, meeresfischfilet (beides nur ganz kurz mitziehen lassen).
scharfe variante: mit etwas pfefferoni gewürzt servieren.

    2 kg marchfelder spargel

spargel ganz ordinär (= gewöhnlich)
frei nach meiner holländischen schwiegermutter

die eier mit der gesalzenen butter zerdrücken, über den frisch gekochten spargel verteilen und mit reichlich muskatnuss würzen. mehlige erdäpfel schälen, vierteln, kochen und mit der gabel zerdrücken, bis sie so locker wie erdäpfelschnee sind. mit viel frisch geriebener muskatnuss, gehackter petersilie und salz bestreut servieren.

> pro person:
> 2 wachsweich gekochte eier
> 300 g marchfelder spargel
> (ausnahmsweise – aus authentizitätsgründen –
> auch dicker holländischer solospargel)
> 200 g mehlige erdäpfel (bintje)
> 50 g butter
> salz, muskatnuss, petersilie

salat vom rohen spargel

eine marinade aus öl, etwas salz, dem saft einer halben limette, etwas zucker und frischen kräutern stabmixen. blattsalate, zum beispiel löwenzahn, häuptl- oder vogerlsalat, waschen und trockenschleudern. spargel schälen und mit dem sparschäler in ganz feine streifen hobeln. mit den anderen salaten vermischen und auf großen tellern in der mitte gehäuft anrichten. mit der marinade beträufeln, den rand mit frischen, fein gehackten kräutern garnieren.
variante: mit in öl knusprig frittierten kräuterzweigen und erdäpfelchips servieren (siehe seite 39).

> 1/2 kg marchfelder spargel (weiß, grün oder gemischt)
> blattsalate der saison
> frische kräuter
> oliven- oder rapsöl
> apfel-balsamessig
> 1/2 limette
> salz, zucker

einfaches spargelwandl

spargel in 1 cm kleine stücke schneiden und in hühner- oder spargelfond (siehe seite 95 oder 13 unten) weich kochen, abseihen. mit salz und muskatnuss würzen, pürieren (eventuell die fäden auspassieren). gelatine einweichen und in suppe warm auflösen. obers aufschlagen. gelatine unter die spargelmasse mischen, dann das obers darunter ziehen.

eine wandl-form (terrine) mit klarsichtfolie auslegen, die masse einfüllen und einige stunden kühl stellen.

tipp: mit einigen tropfen wasser auf der form legt sich die folie schön an.

mit blattsalaten oder etwas roh gehobeltem spargel, vielleicht auch einigen blättern hauchdünn geschnittenem schinken garnieren.

> 1 kg geschälter marchfelder spargel
> 1/4 l obers
> 8 blätter gelatine
> hühner- oder spargelfond
> salz
> muskatnuss

„roter" speckspargel

als scharfer snack um mitternacht gedacht – ein rezept aus den rrroaring 60ies

der gekochte solospargel wird in den frühstücksspeck eingerollt. ananassaft mit stärke aufkochen und binden, mit sambal oelek würzen. spargel mit der süßscharfen sauce marinieren und in einer teflonpfanne braten. beim anrichten kann man mit frisch geriebenem ingwer exotisch vollenden.

> 8 stangen gekochter solospargel
> 8 scheiben frühstücksspeck
> 1/8 l ananassaft
> 1 tl stärke
> 1 tl sambal oelek (indonesische chilipaste)
> ersatzweise pfeffer, tabasco, hot ketchup etc.

spargel „weinviertlerisch"

die dem schnitzel am nächsten kommende form

spargel waschen, schälen, halb weich kochen, panieren und in rapsöl herausbacken. auf küchenpapier entfetten, salzen und mit sauce tartare servieren.
variante „cordon bleu": vor dem panieren mit edamer käse-scheiben und
schinken umwickeln, backen und mit blattsalaten auftischen.

spargelsoufflé

den rohen, geschälten spargel wegen der fäden in dünne scheiben schneiden,
mit butter und weißwein dämpfen. fond mit stärke binden und mit dem spargel im mixer pürieren. überkühlen lassen, salz, muskatnuss und zucker dazu.
dotter unterrühren, danach die eiklar zu schnee schlagen und darunter ziehen,
randvoll in gebutterte und mit weißbrotbröseln ausgestaubte soufflé-formen
füllen und im ofen bei 180 grad ca. 25 bis 35 minuten backen. eventuell mit
kräuterrahm (sauerrahm mit frischem kerbel etc., einer prise salz, senf und
pfeffer) servieren.

    300 g marchfelder spargel
    50 g butter
    1/4 l weißwein
    40 g stärke
    2 dotter
    7 eiklar
    salz, muskatnuss, prise zucker
    für die formen: butter und weiße brösel (aus entrindeten, trockenen
    toastbrotscheiben in einem cutter hergestellt)

spargelgulasch

stiele und kerne der paprika entfernen, paprika und zwiebeln in grobe würfel schneiden, in butter anschwitzen. mit salz, korianderkörnern und pfeffer würzen. auf mittlerer flamme ca. 1/4 stunde dünsten, dann mit der suppe aufgießen, noch einmal 1/4 stunde (je nach wassergehalt der paprika auch länger – die sauce sollte dickflüssigen charakter haben) köcheln lassen. danach stärke mit etwas kaltem wasser mischen, einrühren und noch einmal aufkochen lassen. mit dem stabmixer pürieren und ganz zuletzt den pfefferoni (oder die messerspitze sambal oelek) dazugeben. den in grobe stücke geschnittenen spargel kurz in der sauce knackig dünsten, eventuell noch mit etwas salz abschmecken und mit frisch gebratenen heurigen erdäpfeln servieren.

800 g gemischter, geschälter spargel (dick und dünn, grün und weiß)
300 g rote, dickfleischige paprikaschoten
100 g zwiebeln
50 g butter
1/4 l klare spargelsuppe zum aufgießen (ersatzweise gemüsebrühe oder rindsuppe)
1 el stärke
erdäpfeln
tipp: lieben sie es heimisch mild, nehmen sie einen gehackten ölpfefferoni, richtig scharf wird es mit einem frischen pfefferoni, ersatzweise einer messerspitze sambal oelek
1 tl korianderkörner
1/16 l apfelessig
salz, pfeffer, zucker

spargelragout
für die zeit der frischen morcheln

die fein geschnittenen zwiebeln in der butter anschwitzen, mit den frischen morcheln verrühren. mit 1 el griffigem mehl stauben, mit chardonnay auslese ablöschen, mit suppe und obers auffüllen. den geschälten, in schräge scheiben geschnittenen spargel dazugeben und langsam ca. 10 minuten verkochen. mit salz, weißem pfeffer aus der mühle und gemahlenem kümmel würzen.
variante: man kann dieses gericht auch mit hauchdünn geschnittenem grünem spargel oder schnittlauch bestreut servieren.
als einlage oder beilage passen sehr gut bröselknöderln.

    1000 g marchfelder spargel
    60 g butter
    200 g frische morcheln, geputzt und mehrmals gewaschen
    200 g milde, weiße gemüsezwiebeln
    1/4 l obers
    1/2 l hühner- oder spargelsuppe, ersatzweise auch gemüsefond
    salz, weißer pfeffer
    1 tl gemahlener kümmel
    1 el griffiges mehl
    1/4 l chardonnay auslese, z. b. vom roman pfaffl (kräftig, mit süßem abgang)

bröselknöderln

weiche, pomadige butter schaumig rühren, dann das ei mit aufrühren, die eingeweichten, gut ausgedrückten, passierten semmeln, die fein geschnittene petersilie und semmelbrösel dazugeben. mit salz und etwas weißem pfeffer aus der mühle würzen. glatt streichen und ca. eine halbe stunde ziehen lassen.
probeknöderl kochen: salzwasser oder spargelsuppe zum kochen bringen und das knöderl in perlend heißer suppe pochieren (die flüssigkeit soll gerade nicht kochen). sollte das probeknöderl zerfallen, der masse etwas griffiges mehl beifügen.
die bröselknöderln sind in 5 minuten gar. sie schmecken auch wunderbar in klaren suppen mit viel schnittlauch.

    50 g butter
    2 semmeln
    30 bis 40 g semmelbrösel
    1 ei
    salz, weißer pfeffer, 1 sträußchen petersilie

kürbis
und seine
verwandten

kürbis

meine ersten kochkurse hielt ich in den frühen siebziger jahren in der volks-
hochschule in wolkersdorf. damals hieß die novität zucchini, der große bruder
kürbis aber war vergessen. im und nach dem großen krieg mussten die älteren
so viel davon essen, dass dieses gemüse in der so genannten wirtschaftswun-
derzeit keinen platz mehr hatte und im höchsten fall den schweinen verfüttert
wurde. in der sprache stand der kürbis – im weinviertel „plutzer" genannt – als
weiches schimpfwort für „dummerl". in den späten achtziger jahren, durch
paul bocuse, den napoleon der köche, via fernsehen langsam durch die hinter-
tür vom saustall oder kuhstall kommend, schlich er sich wieder in die gourmet-,
sterne-, haubenküchen ein.

ich war gerade in tokio, um bei seiji tzuzumi, dem damals reichsten mann der
welt, im club uraku, weil es chic war, österreichisch vom feinsten zu kochen,
die portionen und gänge auf japanische verhältnisse abgestimmt. so nebenbei
sah ich vieles, was in japan aus kürbis gemacht wird (selbst maroni werden
nachgebaut), und brachte viele verschiedene kürbissamen mit, die mir der
bauer michael aus stetten aufzog.

kochen, küche, köche gingen immer nach der mode, wie man schon in sehr
alten büchern finden kann: „bœuf à la mode", was so viel wie „rindsbraten
nach art der mode" heißt. neue materialien, neues gemüse bedeutet neue
möglichkeiten. wenn man gäste „halten" will, muss man auch das andere, das
neue oder das schon vergessene neu belebt bieten.

geröstete kürbiskerne

grüne, schalenlose kürbiskerne vom ölkürbis gibt es inzwischen in großen teilen europas als novität, sie kommen aber fast nur aus österreich. in amerikas gourmetshops wird das kernöl gerne als „styrian green gold" vermarktet. seit einigen jahren sind vermehrt kürbiskerne aus dem marchfeld und dem weinviertel erhältlich.

sonnenblumenöl vorsichtig in einer pfanne erhitzen. kürbiskerne einstreuen, schwenken, salzen. bei mäßiger hitze ohne deckel rösten. die kerne gehen auf, sie springen fast wie popcorn auch gerne aus der pfanne. von der hitze nehmen und mit etwas kernöl vermischen, das verstärkt den geschmack der kerne enorm.

> kürbiskerne
> kernöl
> sonnenblumenöl
> salz

muskatkürbissuppe mit sternanis und einem hauch orange

zwiebel- und kürbiswürfel in butter andünsten, eine halbe bio-orange mit der schale beifügen, mit salz, pfeffer und sternanis würzen. mit gemüsefond (siehe seite 35) auffüllen und kochen, bis der kürbis weich ist. mit einigen tropfen kürbiskernöl und einer spur obers anrichten.

variante: sehr fein schmeckt diese suppe auch, wenn man sie mit etwas lammschinken und erdäpfelstroh garniert.

> 1 zwiebel in groben würfeln
> 400 g geschälter muskatkürbis in groben würfeln
> 50 g butter
> 1/2 bio-orange mit der schale
> 1/2 l gemüsefond
> salz, pfeffer, sternanis
> kürbiskernöl
> 1 el obers

erdäpfelstroh
die knusprig-feine antwort auf die allgegenwärtigen fritten (pommes)

einen großen, mehligen erdapfel mit einem sauberen drahtwaschel schrubben, mit einem gemüsehobel (von profis gerne abfällig „plastikmandoline" genannt) nudelig in der stärke von stroh der länge nach schneiden („julienne") und in 165 grad heißem fett knusprig frittieren. abtropfen lassen und salzen.

kürbiscarpaccio
„carpaccio" nennen köche heute fast alles, was extrem dünn geschnitten ist. der ausdruck stimmt nicht, aber was solls. auch „nordseekrabben" werden am krabbenkutter verarbeitet, sind aber garnelen ...

kürbis waschen und schälen, der länge nach halbieren, kerne entfernen. kürbis der länge nach in dünne scheiben schneiden (am besten mit einer schneidemaschine). aus kürbiskernöl, zitronensaft und salz eine marinade herstellen. kürbisscheiben darin ca. 10 minuten ziehen lassen. paradeiser schälen und entkernen (siehe seite 29), in kleine würfel schneiden. kürbisscheiben auf einem großen teller luftig auflegen. paradeiswürfel und frisch geröstete kürbiskerne darüber streuen, pfeffern.
als garnierung eignen sich kleine rote blattsalat-bouquets, mariniert mit apfelessig, salz, pfeffer, joghurt und kernöl. fleischtiger nehmen einige hauchdünne scheiben luftgetrockneten schinken.

    500 g kürbis (table ace, acorn squash oder eichelkürbis)
    4 paradeiser
    kürbiskernöl
    1 zitrone
    4 el frisch geröstete und gesalzene kürbiskerne
    salz, pfeffer

gebratene kürbis- und zucchinistücke
mit kürbiskernöl auf gartenraukensalat

kürbis schälen, die schönsten teile in 8 mm dicke scheiben schneiden. zucchini der länge nach auch 8 mm dick schneiden. zwiebeln mit butter anrösten, die kürbisreste und etwa ein viertel der orange (samt schale) in einige teile schneiden und dazugeben, rösten lassen, mit dem gemüsefond (siehe seite 35) aufgießen, salzen, pfeffern und verkochen, bis der kürbis weich ist, dann mit dem mixstab pürieren.

olivenöl in zwei pfannen erhitzen, in einer die kürbisstücke, in einer die zucchinistücke braten. kürbiskerne in einer pfanne vorsichtig erwärmen.

gartenrauke waschen. aus dem saft der restlichen orange, dem apfelbalsamessig, dem kernöl und salz sowie pfeffer eine marinade rühren. salat marinieren, auf tellern möglichst gehäuft anrichten. kürbis- und zucchinistücke zum salatgupf legen, mit 1 bis 2 el von der warmen kürbissauce übergießen. mit einigen kürbiskernen bestreuen.

> 500 g muskatkürbis (oder andere orangefleischige sorte), 1 zucchini
> 1/4 l gemüsefond (oder ersatzweise brühe von einem gemüsewürfel)
> 1/2 zwiebel, fein geschnitten; 1 bio-orange
> 100 g gartenrauke (inzwischen bekannter als „rucola")
> 50 g butter, kürbiskernöl, 2 el olivenöl, apfelbalsam-essig
> geröstete kürbiskerne
> salz, pfeffer

kürbiskraut

kürbis schälen und mit einem küchenhobel in feine streifen (julienne) schneiden – ohne ein solches gerät schneidet man den kürbis in 2 mm dicke scheiben und diese dann in 2 mm dicke streifen. zwiebel ebenso fein schneiden und in der butter (dem schmalz) anrösten. zerdrückten knoblauch beifügen. paprikapulver dazu und sofort den geschnittenen kürbis einrühren (wenn paprikapulver in fett geröstet wird, wird es sofort bitter!), wenn der kürbis nicht schnell genug wasser lässt, mit 1/8 l wasser aufgießen. mit kümmel und salz würzen, knackig-weich dünsten, zum schluss obers einrühren. servieren und mit etwas glatt gerührtem sauerrahm vollenden.

> 600 g sommerkürbis (frühe sorten, die noch nicht so intensiv schmecken)
> 1 zwiebel, 1 zehe knoblauch
> 60 g butter oder schmalz, 4 el obers, 2 el sauerrahm
> 1 tl paprikapulver, kümmel, salz

kürbis-schwarzbrot-auflauf

schwarzbrot und zwiebeln in kleine würfel schneiden und in schmalz oder öl anrösten. kürbisfleisch (ohne schale, ohne kerne) in kleine würfel schneiden. eier mit obers schlagen, würzen und mit den anderen zutaten vermischen. masse in vier gefettete und mit bröseln gestaubte auflaufförmchen füllen und im rohr im wasserbad bei 165 grad pochieren.

> 4 scheiben schwarzbrot (ca. 250 g)
> 100 g zwiebeln
> 2 el schmalz oder öl
> 200 g hokkaido-kürbisfleisch oder ungarischer bratkürbis
> 1/4 l obers
> 4 eier
> gemahlener kümmel, salz

kürbis-curry aus dem wok

kürbis und paradeiser schälen, entkernen und in kleine würfel schneiden (siehe seite 29). äpfel mit der schale in würfel, jungzwiebeln in scheiben schneiden. zwiebeln in 1/16 l olivenöl im wok (oder in einer anderen großen, schweren pfanne) anschwitzen, etwas später knoblauch mitrösten. danach alle weiteren zutaten beifügen und mit apfelsaft aufgießen. 5 minuten kochen und eventuell mit einem teelöffel stärke, die in etwas apfelsaft verrührt wird, binden. mit salz abschmecken. wer es besonders pikant liebt, kann mit sambal oelek nachwürzen.

als beilage passt reis, für etwas anspruchsvollere roter wildreis aus der camargue.

> 600 g kürbisfleisch (muskatkürbis oder eichelkürbis eignen sich
> besonders)
> 3 äpfel
> 150 g jungzwiebeln
> 60 g dörrzwetschken
> 60 g walnusskerne
> 150 g paradeiser
> 1 el madras-curry
> 1/16 l olivenöl
> 3 zehen knoblauch
> 1/4 l apfelsaft
> salz
> eventuell sambal oelek

gefüllte kürbis- und zucchiniblüten

im weinviertel sind wir sparsam. schon oma füllte kürbisblüten, aber nur die
männlichen, die nach der bestäubung für die pflanze nutzlos sind. desgleichen
kann man natürlich auch zucchini- und patissonblüten (das sind diese gelben
oder grünen „ufo-kürbisse") verwenden.

zum füllen hier einige vorschläge: grießfülle (wie grießnockerln): 1 ei, 1 ei
schwer butter, doppelt ei schwer nockerlgrieß, salz, muskatnuss. butter schaumig rühren, ei einrühren, grieß einrühren, würzen. die blüten in salzwasser
pochieren (das wasser darf nur perlen, aber nicht lebhaft kochen).
polentafülle (auf der basis gnocchi à la romaine, siehe seite 153) mit käse-
würferln vermengen, die blüten füllen, in mehl und bierteig tauchen und frittieren.
lockeres faschiertes (faschiertes mit fein geschnittenen zwiebeln, gehackter
petersilie oder anderen frischen kräutern, etwas senf und einem ei abrühren)
in blüten mit 5 bis 7 cm langer frucht daran füllen. alles in einer pfanne mit
knoblauchscheiben und erdäpfelwürferln in etwas rapsöl im backrohr braten,
mit frisch gehackten sommerkräutern servieren.
süße variante: blüten mit bauerntopfennockerlmasse (siehe seite 174) füllen
und in etwas griffiges mehl tauchen. in einer teflonpfanne in etwas butter braten, mit zimtzucker und karamellsauce servieren.

kürbis- oder zucchinisalat

muskatkürbis oder kleine feste zucchini der länge nach in stangerln schneiden
oder am gemüsehobel reißen. mit zitronensaft säuern, salzen, ganz schwach
zuckern. die zucchini mit olivenöl, den kürbis mit sonnenblumenöl gut durchmischen. den zucchinisalat mit einer hand voll frisch geschnittenem basilikum
bestreuen. den kürbissalat am besten mit etwas ölpfefferoni und gemahlenem
kümmel vollenden und mit gerösteten kürbiskernen bestreut servieren.

> 1000 g muskatkürbis oder kleine feste zucchini
> 2 zitronen
> 1/8 l olivenöl (für zucchini)
> oder 1/8 l sonnenblumenöl (für kürbis)
> basilikum
> ölpfefferoni
> kümmel
> geröstete kürbiskerne
> salz, zucker

karamellisierte kürbiskerne

zucker in einer pfanne schmelzen und hellbraun werden lassen. kürbiskerne einrühren, vom herd nehmen. die masse auf ein blech (mit einem stück back-papier belegt) schütten, verteilen und auskühlen lassen. danach in stücke bre-chen oder fein hacken, dann wirds zur so genannten kürbis-„grillage".
variante: mit mandeln, hasel- oder walnüssen. gleiche menge kristallzucker und kürbiskerne.

weinviertler kürbiskuchen

für den mürbteig staubzucker, butter und griffiges mehl zu einem teig verkne-ten. eine stunde kalt rasten lassen.
tipp: zu jedem gschmackigen mürbteig gehört eine prise salz!
kürbisfleisch mit dem grünen veltliner zugedeckt im backrohr im eigenen saft weichdämpfen, danach durch ein sieb passieren. braunen kristallzucker mit den eiern, einer prise salz, lebkuchengewürz, ingwer, zimt, etwas abgeriebener orangenschale und dem saft der orange über dunst warm aufschlagen (dazu bringt man wasser zum kochen, hält das gefäß darüber und schlägt die masse mit einem schneebesen), mit dem kürbispüree vermischen.
mürbteig ausrollen, über eine gefettete obstkuchenform legen und andrücken, den überstehenden rand wegschneiden. 15 minuten bei 160 grad blind (mit einer anderen, etwas kleineren form bedeckt) im backrohr backen. die kürbis-masse einfüllen und bei 175 grad ca. 50 minuten langsam fertig backen.
diesen kuchen kann man warm oder kalt servieren, sehr fein schmeckt er auch mit geschlagenem obers oder zitronensauce (vanillepudding mit frischem zitro-nen- oder limettensaft und sauerrahm abschmecken).

> 400 g kürbis, geschält und entkernt (muskatkürbis oder hokkaido,
> jedenfalls eine sorte mit dunklem, mehligem fleisch)
> 1/16 l grüner veltliner
> 150 g brauner kristallzucker
> 3 eier
> salz, lebkuchengewürz
> gemahlener ingwer, gemahlener zimt
> 1 orange
> für den mürbteig:
> 80 g staubzucker
> 160 g butter
> 240 g griffiges mehl

paradeiser

paradeiser

paradiesäpfel, wie sie ursprünglich hießen, hatten wir immer in hülle und fülle im garten. mutter konnte nie genug davon anbauen. vater liebte sie nicht besonders, weil er meinte, sie seien die auslöser seines sodbrennens. dem veltliner in kombination mit weinbeißern gab er nie die schuld und in die paradeissauce musste immer löffelweise kristallzucker.

da sie aber gesund waren, die paradeiser, stand ihnen niemand im weg. als suppe begleiteten sie uns durch den ganzen langen sommer, damals kamen mir die sommer noch unheimlich lang vor.

da meine noten und platzierungen nicht mutters wünschen entsprachen, musste ich immer in den ferien im garten, zwischen den paradeiserstauden, jäten. bei diesen strafexpeditionen in der schwülen weinviertler sommerhitze litten paradeiser und ich immer zu gleichen teilen, doch am fensterbrett reiften die verlierer nach.

aufgedrückt, innen gesalzen und im ganzen auf einmal verdrückt, herrliches zurückdrücken kommt aus dem magen, die schnelle nahrungsaufnahme auf der flucht beim cowboy- und indianerspiel. kein denken an genmanipulation, die paradeiserschale war manchmal wie leder.

im spätherbst, wenn es der sonne und meinen zotigen witzen nicht mehr gelang, die paradeiser zu erröten, wurden sie grün geerntet und würzig wie delikatess-gurkerln zu grünem paradeiskraut verarbeitet. mit knackwurstkrapferln noch heute eine culinaria der ersten stunde.

paradeisermarinade

reichlich wasser zum kochen bringen. paradeishaut an der gegenseite des stiels kreuzfömig einritzen. paradeiser ins kochende wasser werfen, nach einer minute in eiskaltes wasser umlegen. schälen, entkernen, stabmixen. basilikumblätter dazu, mit salz, zucker, öl und je nach jahreszeit (im winter, wenn die paradeiser eher „blass" sind und auch so schmecken, ist es ratsam, im sommer, bei voll aromatischen paradeisern überflüssig bis schade) mit einem löffel ketchup abschmecken, noch einmal mixen.

diese marinade passt gut zu sommerlichen blattsalaten mit gebratenem, weißfleischigem fisch, zum spargelwandl (siehe seite 15) oder zum rindfleisch-wurzelgemüsewandl (siehe seite 123).

(siehe seite 15) ... (siehe seite 123)

    1/2 kg paradeiser
    10 basilikumblätter
    1 el olivenöl
    salz, zucker
    1 el ketchup

grünes paradeiskraut

grüne paradeiser in feine scheiben schneiden (am besten mit der küchenmaschine), einsalzen und 2 stunden stehen lassen. essigwasser mit zucker und den gewürzen aufkochen. paradeiskraut abseihen, in gläser füllen, die kochend heiße flüssigkeit darüber gießen und die gläser sofort verschließen.

tipp: sollen die paradeiser etwas weicher sein, dann im essigwasser einmal aufkochen, in gläser füllen, das essigwasser noch einmal aufkochen lassen und darüber leeren.

    1000 g grüne paradeiser

tipp: sie müssen dafür schon ausgewachsen sein, denn erntet man sie zu früh, enthalten sie zu viel giftiges solanin, das gift der nachtschattengewächse.

    1/2 l apfelessig
    1/2 l wasser
    4 el kristallzucker
    4 el salz
    8 neugewürzkörner
    16 schwarze pfefferkörner

kalte, pikante paradeissuppe

alle zutaten gut durchrühren, mindestens 3 stunden im kühlschrank ziehen lassen.

servieren mit dünnen, getoasteten und mit frischem knoblauch kurz abgeriebenen salzstangerlscheiben.

40 g zwiebeln, fein geschnitten
200 g paradeiser, gehäutet und entkernt (siehe paradeisermarinade seite 29)
200 g gurken in kleinen würfeln
40 g lauch, in feine scheiben geschnitten
1 roter paprika in kleinen würfeln
1 l tomatenjuice
3 dl kalte, entfettete rindsuppe oder gemüsefond
2 zerdrückte knoblauchzehen
5 cl essig (estragon)
5 cl olivenöl (zum abmessen geht das sehr gut, man nimmt dafür ein cocktail-messgefäß oder ersatzweise ein schnapsstamperl)
salz, pfeffer, worcestershiresauce, tabasco

klare paradeissuppe

paradeiser in viertel schneiden, den strunk entfernen. wasser aufkochen, vegetarische würze, die stiele der basilikumblätter und salz dazu, paradeiserviertel 10 minuten kochen, die suppe mixen und durch ein etamintuch (das gibt es in küchenfachgeschäften zu kaufen und ist optimal, um völlig klare suppen zu erreichen) oder ersatzweise durch ein ganz feines sieb oder einen kaffeefilter abseihen.

nach dem anrichten mit der länge nach in feine streifen geschnittenen basilikumblättern bestreuen. als einlage eignen sich zum beispiel kleine, handgeformte erdäpfelnockerln (siehe seite 37).

1000 g gartenfrische paradeiser
1 l wasser
1 el vegetarische würze
5 basilikumblätter
1/2 el salz

terrine von paradeisern
und anderen sommergemüsen

melanzani in scheiben schneiden, mit salz bestreuen, eine halbe stunde ziehen lassen, danach mit küchenpapier trockentupfen. paradeiser enthäuten (siehe seite 29), entkernen und in kleine würfel schneiden. zucchini der länge nach in dünne scheiben schneiden, melanzani und zucchini in olivenöl auf beiden seiten anbraten.

gelatine einweichen, etwas vom gemüsefond erhitzen, die gelatine darin schmelzen lassen und dann mit der restlichen suppe und dem winzersekt vermischen.

eine kastenform mit klarsichtfolie auskleiden. als erste schicht zucchinischeiben auflegen, mit der gelatine-suppen-mischung beträufeln, paradeiswürfel salzen und als nächste schicht auflegen, darauf grob gerissene basilikumblätter, wieder etwas von der flüssigkeit, darauf melanzani legen, beträufeln und die schichten so lange wiederholen, bis das ganze gemüse verbraucht ist. ganz obenauf zucchinischeiben legen, noch einmal beträufeln. die terrine mit einer kleineren, halb mit wasser gefüllten kastenform (oder einem anderen passenden, etwa 500 g schweren gegenstand) beschweren. mindestens 5 stunden im kühlschrank anziehen lassen (besser ist es, wenn man der terrine einen tag lang zeit gibt).

danach vorsichtig mit einem scharfen messer aufschneiden, ohne allzu sehr anzudrücken. mit einem salatbouquet oder frischem ziegentopfen und etwas olivenöl servieren.

> 500 g paradeiser
> 1 zucchini
> 1 kleine melanzani (ca. 200 g)
> 1/4 l klarer, kalter gemüsefond
> 4 cl winzersekt, z. b. vom willi klaus aus wolkersdorf
> 4 el olivenöl
> 8 blätter gelatine
> frische basilikumblätter
> salz

winterweiße paradeissauce

paradeiser grob schneiden. mit einer prise salz, einer hand voll basilikumstielen und der gemüsesuppe stabmixen, danach eine stunde ziehen lassen. nochmals eine minute stabmixen und durch ein etamintuch oder einen kaffeefilter abseihen. dieser fond duftet intensiv nach paradeisern.

fein geschnittene zwiebel in butter andünsten, mit mehl stauben, mit dem klaren paradeiserfond auffüllen und mit 1/4 l obers maximal 10 minuten verkochen. stabmixen, mit einigen grünen pfefferkörnern, salz und einer prise zucker würzend vollenden.

    1000 g paradeiser
    1/2 l gemüsefond
    1 kleinere zwiebel
    40 g butter
    40 g glattes mehl
    1/4 l obers
    salz, grüne pfefferkörner, frische basilikumzweige

erdäpfel,
pastinaken
          und anderes,
was unter
der erde wächst

erdäpfel

erdäpfel, krumbirnen (sprich: erpfl oder krumpien) – mit ihnen wuchs das weinviertler kind in form von püree und suppen auf, ehe im hipp der zeit aus glasflascherln die nahrung wuchs. als in der nouvelle-cuisine-welle neues aus altem wurde und die pürees die oberhand über ansehnliches gemüse erhielten, konnte ich weder aus dem herzen noch aus dem bauch mittun. denn baby-essen war für mich gegessen, knusprig-knackiges war meines.

erdäpfel in der „zaussert-asche" gegart (zaussert nennt man das getrocknete erdäpfelkraut). kalte luft über dem acker, heiße wangen vom feuer, dreckige hände und das glücksgefühl von endlich selbst gekochtem, innen goldgelb und halb weich wie früher, wovon opa immer erzählt hatte, so mussten erdäpfel schmecken.

heute raunzen viele nach qualität, qualität ist nicht bequem, nicht für den produzenten, nicht für den einkäufer, man muss sie suchen. mein holländischer schwiegervater machte sich die mühe und fuhr einige male im jahr über 220 kilometer, um im süden, in zeeland, auf meereslöss gewachsene erdäpfel zu kaufen.

sorte, passender boden, lagerung, regionales verarbeiten, richtiges rezept, passend zur sorte, das alles muss passen. aus kipflererdäpfeln gelingt nämlich niemandem ein gutes püree, für erdäpfelsalat sind sie nahezu – bis aufs schälen – ideal. gekochte erdäpfel mit rama (margarine) waren ende der fünfziger jahre eine art jungbrunnenrezept, unheimlich gesund. ich kaufte mir trotzdem mit dem ersten kochlehrlingsgeld aufmüpfig 1/8 butter dazu, und mit der zeit wurde die familie diesem herrlichen kuhfett hörig (erzeugbar auch ohne maschinen).

topinambur und pastinaken sind meine unterirdischen lieblinge, erstere blühten früher in fast allen bauerngärten, mit blüten in ca. 1 meter 80 höhe, etwas kleiner als sonnenblumen, aber auch zu den korbblütlern gehörend. sie wurden dann einige zeit nur in der nähe des waldes für rehe und wildschweine angebaut. man vergaß den wert, den die knollen als vorläufer der erdäpfel in europa hatten. und das, obwohl man topinambur – anders als erdäfel – auch roh (als salat) essen kann. doch weil schwierig schälbar, war das „aus" früh erkennbar. mit der industrialisierung gingen viele gemüsesorten den weg von der vielfalt in die einfalt.

pastinaken, zwischen petersilienwurzel- und selleriegeschmack vegetierend, werden heute wieder von den „jungen wilden" als chips und „aha" auf vielen gerichten obenauf eingesetzt. früher waren sie nur der untergrund der eintöpfe – so ändert sich beim kochen die à la mode …

gemüsefond

gemüse gut waschen. karotten, zeller und gelbe rüben schälen, schalen aufheben. petersilienwurzel in einige teile schneiden. salzwasser zum kochen bringen. gemüse und die schalen von karotten, zeller und gelben rüben einlegen, pfeffern. wenn vorhanden, einige frische gartenkräuter dazu (petersilie oder die stiele davon, oregano, maggikraut, thymian), auch einen esslöffel gemüsewürze. fond kochen lassen, bis das gemüse weich (aber noch bissfest) ist. karotten, zeller und rüben herausfischen und als beilage für andere gerichte zur seite legen. den rest durch ein feines sieb seihen. fond mit sojasauce und eventuell etwas salz abschmecken.

    2 karotten
    2 gelbe rüben
    1/2 (oder ein kleiner) zeller
    1 petersilienwurzel
    1 stange lauch
    wenn vorhanden, gemüsestiele
    1 1/2 l wasser
    frische gartenkräuter
    etwas gemüsewürze, salz,
    einige schwarze pfefferkörner, sojasauce

cremige topinambursuppe

topinambur, karotte und gelbe rübe waschen und schälen (die schalen kann man für einen gemüsefond verwenden) und in grobe würfel schneiden. zwiebel ebenfalls in würfel schneiden und in fett anrösten, gemüsewürfel dazufügen und weiterrösten. mit fond aufgießen, würzen, verkochen lassen, bis das gemüse weich ist. mit dem mixstab pürieren, zum schluss obers oder joghurt einmixen. besonders fein schmeckt diese suppe, wenn sie mit hauchdünnen scheiben rohschinken und topinamburchips belegt ist (siehe seite 44).

    400 g topinambur
    1 kleine karotte
    1 kleine gelbe rübe
    1 große zwiebel
    50 g schmalz oder öl
    1 l gemüsefond (siehe oben) oder eine andere klare suppe
    1/8 l obers oder 1%iges joghurt
    salz, pfeffer aus der mühle, etwas gemahlener kümmel

veltliner-zwiebel-suppe

nudelig geschnittene zwiebeln in butter anrösten. kräuter kurz mitrösten, mit dem (bis auf einen kleinen rest) veltliner ablöschen und mit der suppe aufgießen. 15 minuten kochen lassen, salzen, pfeffern. mit stärke (in veltliner glatt gerührt) binden. brotscheiben mit dem brie oder dem ziegenkäse belegen und im rohr bei oberhitze oder im griller überbacken. in der kochend heißen suppe servieren.

> 1 l rindsuppe, truthahnkeulensuppe oder gemüsefond
> 1/2 l grüner veltliner, aber reichlich, z. b. vom mauser lois
> aus obersdorf
> 1/2 kg zwiebeln
> 1 el stärke
> 3 el butter
> 1 lorbeerblatt
> 1 zweig thymian
> 4 scheiben halbweißes brot (das gängige mischbrot)
> 200 g brie oder ziegenkäse
> salz, pfeffer aus der mühle

erdäpfelteig – die basis

alle zutaten rasch zu einem teig verkneten. lässt sich zu nockerln, knödeln und allem anderen verarbeiten, das die fantasie erlaubt.

> 500 g mehlige erdäpfel, gekocht und geschält
> 150 g griffiges mehl
> 30 g schmalz
> 2 bis 3 dotter (je nach größe)
> salz, muskatnuss

erdäpfelnockerln

backrohr auf 135 grad vorheizen. erdäpfel gut waschen, in salzwasser weich kochen, schälen, in größere stücke schneiden, auf ein backblech legen und im vorgeheizten rohr ausdampfen lassen. erdäpfel durch eine erdäpfelpresse drücken, masse mit schmalz, stärke, grieß, mehl, salz, frisch geriebener muskatnuss und einem ei zu einem glatten teig abarbeiten (nicht zu lange rühren).
aus dem teig 12 ca. daumengroße nockerln formen, in kochendes salzwasser legen, aufkochen und auf schwacher hitze köcheln lassen. wenn sie an die oberfläche steigen, sind sie fertig. nockerln mit einem siebschöpfer aus dem kochwasser heben und gut abtropfen lassen. schmalz erhitzen, nockerln einlegen und unter öfterem schwenken der pfanne bis zur leichten braunfärbung braten. nockerln mit salz und geriebener muskatnuss würzen.
tipp: nockerln kann man auch schon am vortag zubereiten. platte mit öl bestreichen. gekochte nockerln in kaltem wasser gut abschrecken, abtropfen lassen und auf die vorbereitete platte setzen. nockerln mit öl bestreichen, mit frischhaltefolie zugedeckt im kühlschrank aufbewahren und bei bedarf braten.

> 400 g mehlige erdäpfel
> 1 el zerlassenes schmalz
> 1 tl erdäpfelstärke
> 1 el grieß
> 1 el griffiges mehl
> 1 ei, größe m
> salz, muskatnuss

veltliner-zwiebeln

die gemüsezwiebeln in segmente schneiden (sechsmal vom stiel zur wurzel). kristallzucker in öl langsam braun karamellisieren, zwiebeln kurz mitrösten, mit wein ablöschen. mit salz, pfeffer, koriander- und senfkörnern würzen und mit dem apfelessig weich dünsten. kalt oder lauwarm zu luftgetrocknetem weinviertler schinken oder schulterspeck servieren.

> 500 g milde, weiße gemüsezwiebeln
> 1 l grüner veltliner, z. b. vom christian pleil aus wolkersdorf
> 1/8 l apfelessig
> 3 el kristallzucker
> 1 el öl
> grob gestoßener pfeffer, 1 mokkalöfferl korianderkörner,
> 1 mokkalöfferl senfkörner, salz

geschmorte schalotten in rotwein

schalotten mit der schale gut waschen und trockentupfen. in einer pfanne rapsöl erhitzen, zwiebeln nebeneinander einlegen, salzen, zuckern und gut anbraten, bis der zucker bräunlich wird. mit rotwein aufgießen und bei kleiner flamme rund 1 stunde weich dünsten.

> 250 g schalotten
> 2 el rapsöl
> 1/2 l rotwein, z. b. vom alois rögner aus obersdorf
> 1 el meersalz
> 1 el zucker

gebackene zellerschüsserln mit preiselbeeren

backrohr auf 60 grad vorheizen. zeller schälen und von der knolle 12 ca. 2 mm dicke scheiben abschneiden (am besten mit der schneidemaschine). 2 cm hoch öl erhitzen, zellerscheiben darin nebeneinander in mehreren arbeitsgängen goldgelb und knusprig backen. während des frittierens verkleinern sich die schüsserln deutlich. anschließend auf küchenpapier gut abtropfen lassen und im vorgeheizten rohr warm stellen. vor dem anrichten mit preiselbeerkompott füllen.
die zellerschüsserln eignen sich als appetithappen vorweg, sind aber auch eine feine begleitung zu fast allen wild- und truthahngerichten.

> 1 kleiner zeller
> 4 el preiselbeerkompott
> rapsöl (oder ein anderes neutrales öl)

gebackene zuckerrübenscheiben

zuckerrüben schälen und mit dem gemüsehobel in möglichst dünne scheiben schneiden (am schönsten werden sie mit der schneidemaschine). 2 cm hoch öl erhitzen, die zuckerrübenscheiben darin in mehreren arbeitsgängen goldgelb backen. scheiben auf küchenpapier gut abtropfen, salzen und auskühlen lassen.

> 300 g zuckerrüben
> rapsöl (oder ein anderes zum frittieren geeignetes öl)
> salz

schwarzwurzelchips „grissini"

schwarzwurzeln, im weinviertel auch „bauernspargel" genannt, gut waschen, bürsten und schälen. mit dem sparschäler der länge nach in feine streifen schneiden und in heißem öl frittieren (in der fritteuse oder in einer pfanne mit mindestens 3 cm hoch öl). auf küchenkrepp gut abtropfen lassen, salzen.
variante: die schwarzwurzeln der länge nach vierteln, in salzwasser kurz blanchieren (nur überkochen), abtropfen und danach ein drittel mit rohschinken umhüllen. dann sind sie wie „cocktail-grissini".
tipp: schmeckt sehr gut als ergänzung zu lammfleisch oder hendl, ist aber auch ein feiner snack vorneweg, vielleicht mit einer leichten sauce aus sauerrahm, gehacktem ei, etwas senf und salz.

> 500 g schwarzwurzeln
> öl zum frittieren, salz

erdäpfelchips

erdäpfel schälen. 4 cm hoch öl in einer pfanne erhitzen. mit dem sparschäler möglichst große chips von den erdäpfeln abschälen und direkt ins heiße fett gleiten lassen. wenn sie knusprig sind, mit dem siebschöpfer herausnehmen und auf küchenpapier gut abtropfen lassen. nun kann die nächste portion hineingeschält werden. chips salzen und entweder kalt als snack oder als knusprige beilage zu salaten und über fleisch servieren. bei bedarf im rohr vor dem anrichten etwas anwärmen.

> große, mehlige erdäpfel
> öl zum backen
> salz

gebratene erdäpfelscheiben

erdäpfel in salzwasser weich kochen, wasser abgießen, ausdampfen und auskühlen lassen. erdäpfel der länge nach in ca. 1 cm dicke scheiben schneiden und in einer pfanne (mit antihaft-beschichtung) in öl beidseitig langsam goldgelb braten. erdäpfelscheiben aus der pfanne heben, salzen und anrichten.

> 400 g mehlige erdäpfel
> 2 el rapsöl
> grobes salz

erdäpfelgulasch

erdäpfel gut abschrubben, mit der schale halbieren. zwiebelwürfel in fett gold-gelb anschwitzen, zerdrückten knoblauch dazu, tomatisieren (paradeismark mitrösten), erdäpfel dazugeben, paprizieren, durchrühren. mit salz, ölpfeffero-ni, kümmel und majoran würzen. mit 1 l wasser oder gemüsefond auffüllen. wenn die erdäpfel weich sind, abschmecken, eventuell mit frisch gezupftem majoran würzend vollenden.

als einlage kann man in scheiben geschnittene „dürre" wurst, knackwurst (gabs immer zuhaus), debreziner oder einige fleischreste (gekochtes rindfleisch, in würfel geschnitten etc.) dazugeben. mit schwarzbrot servieren.

tipp: sind die erdäpfel mehlig, bindet das gulasch von selbst. ist es noch zu dünn-saucig, kann man es mit einem esslöffel erdäpfel- oder maisstärke, ange-rührt mit kaltem wasser, etwas binden.

> 1000 g kleine erdäpfel
> 2 el enten- oder ganslschmalz (ersatzweise rapsöl)
> 2 große zwiebeln
> 2 zehen knoblauch
> 1 el paradeismark
> salz, 1 kaffeelöffel majoran, 2 el paprikapulver (edelsüß oder wirte-mischung), 1 mokkalöfferl kümmel (ganz oder gemahlen)
> 1 ölpfefferoni

schmalzflecken

einfachen erdäpfelteig in dünne flecken (größe einer viertel pizza) ausrollen und in einer teflonpfanne mit ein wenig schmalz beidseitig backen.

kann mit paradeisermarinade (siehe seite 29) und salat gegessen oder als süße variante mit marillenmarmelade und angezuckert mit einem kugerl eis ser-viert werden.

> erdäpfelteig (siehe seite 36)
> 30 g schmalz (ersatzweise rapsöl)

cremige saure rüben

halm- oder stoppelrüben, eine art riesenrettich, wurden früher in der zweiten fruchtfolge nach dem getreide angebaut und in milchsäuregärung wie sauerkraut verarbeitet. nur mit erdäpfeln zusammen gekocht, waren sie ein überlebensessen im und nach dem krieg, das man später, als es allen besser ging, einfach satt hatte. nun, ein bisschen „neuzeitlicher" an die sache herangegangen, wird sie wieder zur besonderheit.

butter zergehen lassen, fein geschnittene zwiebel anschwitzen, bis sie glasig ist. beigefügte speckschwarte, wurst- und speckreste entvegetarisieren, sind aber für den landmenschen essenziell und geben dem gericht seine ursprünglichkeit. den kristallzucker dazu und rühren, bis er zergangen, aber noch nicht braun ist. die sauren stoppelrüben beifügen, gut durchrühren. mit etwas suppe aufgießen, mit kümmel und eventuell etwas salz würzen.
vom apfel kerngehäuse entfernen, den apfel feinblättrig schneiden und dazugeben, wenn die rüben gar, aber noch bissfest sind (nach ca. 5 minuten). ganz kurz aufkochen lassen, das obers einrühren.
dieses rezept funktioniert auch mit mildem sauerkraut.

> 300 g saure stoppelrüben (man bekommt sie offen auf bauernmärkten, hin und wieder im glas oder vakuumverpackt)
> 1 apfel
> 1 zwiebel
> 1/4 l suppe oder naturtrüber apfelsaft
> eventuell schwarten- und speckreste
> 1 el butter
> 1/8 l obers
> 1 el kristallzucker
> gemahlener oder ganzer kümmel

erdäpfel-spinat-gratin mit knofl

auflaufförmchen mit etwas weicher butter bestreichen. erdäpfel schälen und am besten mit dem gemüsehobel in ca. 2 mm dünne scheiben hobeln. die gebutterten förmchen mit der hälfte der erdäpfel bedecken. im rest der butter fein geschnittene zwiebel und etwas später auch knoblauch anschwitzen, spinat kurz mitdünsten, mit salz und pfeffer würzen. die spinatmasse in die förmchen verteilen und mit den übrigen erdäpfelscheiben zudecken. obers, ei und etwas salz mit dem schneebesen oder dem mixstab verrühren, die flüssigkeit gleichmäßig auf die gratins verteilen. im ofen bei ca. 170 grad 35 minuten backen. vor dem servieren mit frisch geriebener muskatnuss bestreuen.

tipp: besonders fein wird der spinat, wenn man ihn mit einem schuss absinth oder pernod würzt.

> 300 g mehlige erdäpfel
> 150 g blattspinat (entweder frisch und blanchiert oder aufgetaut)
> 2 zehen knoblauch
> 1 zwiebel
> 1/4 l obers
> 1 ei
> 40 g butter
> salz, pfeffer, muskatnuss

gebackener zeller auf salat
mit „arme-leut-schnitzerl"

zeller waschen und schälen (die schalen können für einen gemüsefond verwendet werden), halbieren, in kochendem wasser (oder fond) bissfest kochen. salat waschen und nötigenfalls etwas zerkleinern. kirschparadeiser vierteln. aus olivenöl, balsamicoessig, salz und pfeffer eine marinade rühren. überkühlten zeller in 1 cm breite scheiben schneiden. brot- und zellerscheiben in mehl, verquirltem ei und bröseln panieren. in zwei pfannen 2 cm hoch öl füllen, brot und zeller knusprig backen.

tipp: wenn die pfannen zu klein sind, um das auf einmal zu machen, dann stellt man das schon gebackene auf küchenpapier im rohr bei 80 grad warm.

salat auf möglichst großen tellern gupfartig in der mitte anrichten, mit paradeisvierteln garnieren, marinade verteilen. gebackenen zeller anlegen, gebackenes schwarzbrot je nach gusto noch mit einer halbierten knoblauchzehe abreiben, dann auch an den salatgupf legen.

dekorativ wirkt es, den tellerrand mit etwas balsamicoessig zu besprühen.

    1 zeller (ca. 500 g)
    4 dünne scheiben schwarzbrot
    mehl, ei, brösel zum panieren
    öl zum backen
    eventuell 1 zehe knoblauch
    blattsalate nach saison (vogerlsalat, gartenrauke, endivien, frisée etc.)
    8 kirschparadeiser
    olivenöl, balsamicoessig, salz, pfeffer für die marinade

topinambur-ragout mit lauch und seitan

topinambur schälen und in scheiben schneiden, lauch gut waschen und ebenfalls in scheiben schneiden, beides in 30 g butter andünsten. mit 1/2 l gemüsesuppe aufkochen, polentagrieß einstreuen, nach dem nochmaligen aufkochen
mit dem obers verdünnen. seitan mit sojasauce, knoblauch und currykraut
marinieren. in 10 g butter knusprig braten und auf dem topinambur-lauch-
ragout anrichten.
besonders gut schmeckt das ragout mit topinamburchips.

> 200 g topinambur
> 1 große stange lauch
> 40 g butter
> 1/2 l gemüsesuppe
> 30 g weißer polentagrieß
> 1 el obers
> 400 g seitan
> 1 el sojasauce
> knoblauch, currykraut

topinamburchips

zwei topinamburknollen der länge nach in dünne scheiben hobeln und in
2 cm fett knusprig backen. gut abtropfen, salzen und über das ragout streuen.

topinamburpuffer

topinambur schrubben, waschen und wie bei rösterdäpfeln mit einem erdäp-
felreißer (einer groben reibe) zerkleinern. mit eiern, salz, semmelbröseln nach
bedarf und frisch gehackten korianderblättern vermischen. in plätzchenform
(größe wie blinis, also rund 8 cm im durchmesser) in olivenöl backen.
mit scharf mariniertem jägersalat als kleines mittagessen genießen.

> 500 g topinambur
> 4 eier
> 3 el olivenöl
> ca. 1 el semmelbrösel
> salz, frischer koriander

topinambursalat

topinambur schrubben, waschen und mit dem gemüsehobel locker mit der schale in dünne streifen („julienne") hobeln. mit rapsöl und dem saft von 2 zitronen marinieren. mit einer prise zucker, salz, schwarzem pfeffer und korianderkörnern aus der mühle vollenden.

dekorativ in roten radicchio-blättern anrichten und zu kleinen, kurz natur gebratenen hendlfilets oder schweinsschnitzerln servieren.

> 500 g topinambur
> 4 el rapsöl
> saft von 2 zitronen
> 4 schöne radicchio-blätter
> prise zucker, salz, pfeffer, korianderkörner

nudeln mit gemüsebolognese

den seitan mit dem faschierten wurzelwerk und dem knoblauch in olivenöl anrösten, mit etwas weißwein ablöschen. paradeismark und die klein geschnittenen paradeiser beifügen. mit oregano, salz und pfeffer würzen. gemüsesuppe dazugießen. ca. 10 minuten auf kleiner flamme weich dünsten. nudeln laut anleitung kochen, die gemüsebolognese auf den bissfesten nudeln anrichten. sehr gut schmeckt frisch darüber geriebener vorarlberger bergkäse.

> 400 g bandnudeln (tagliatelle) oder penne
> 100 g faschierter seitan
> 300 g faschiertes wurzelwerk (zeller, karotten, gelbe rüben, petersilienwurzel und lauch)
> 3 paradeiser, geschält und entkernt (siehe seite 29)
> 1 zehe knoblauch
> 1/2 l gemüsesuppe (aus den schalen der gewaschenen und geputzten wurzelgemüse), ersatzweise 1/2 l wasser mit 1 el gemüsewürze
> 1 kl paradeismark
> 2 el olivenöl
> 1/8 l weißwein (grüner veltliner oder welschriesling)
> salz, pfeffer, oregano

grünzeug
zwischen kohl,
fisolen, bohnen
und gartenrauke

grünzeug

„wüst an kelch?", war eine früher häufig gestellte frage am großengersdorfer kirtag. sie hatte mit dem kohl an sich wenig zu tun, sondern war eher der beginn einer zünftigen rangelei, mit zumindest blutiger nase endend.

„kelch" begleitete uns vom herbst an durch den winter, bis wir ihn nicht mehr sehen konnten.

meistens war er, wegen der aus spargründen mitverkochten außenblätter nach langem kochen ins graubraune gehend, nur mehr durch die einbrenn „nahrhaft". heute liebe ich ihn wieder, blanchiert, mit etwas obers kurz gekocht, selbst zu fisch und garnelen.

weinviertlerisch essen …

die legendärste kombination, die ich kenne, heißt: einbrennte fisolen, bröselnudeln und buchteln. und bereits hier beginnen die deutschexperten zu streiten, denn fisolen sind keine bohnen, fisolen sind so genannte „scharln", mit noch nicht reifen bohnen gefüllte schoten, also die grünen bohnen. feststeht: hier sind es eingebrannte kleine weiße bohnen, mit bohnenkraut, zwiebeln und viel frisch zerdrücktem weingarten-knofl gewürzt. dazu bandnudeln, gewuzelt in bröseln, die in schmalz geröstet wurden. dazu werden in der linken hand gehaltene marillenmarmelade- oder powidl-buchteln gegessen, fast wie das süß-sauer-scharf-essen der indonesier. wo sind die verwandten? die berührenden punkte? irgendwo in der geschichte …

fisolen waren übrigens für mich etwas unsoziales. die mutter meines freundes erich baute so viel davon an, das sie kein mensch essen konnte. deshalb verkaufte sie die fisolen und ärgerte sich jedes mal, weil der stöckl-händler so wenig dafür bezahlte. das unangenehme daran war: um mit erich spielen zu können, musste man beim pflücken helfen, also brachte ich dieses gemüse nur als salat und mit schnitzel zusammen hinunter.

noch einmal, viel später, musste ich mich über fisolen ärgern, das war in einem drei-sterne-restaurant. sie hießen diesmal keniabohnen und waren hauchdünn. wir mussten sie nur dreimal der länge nach durchschneiden, bei fünf kilogramm ein wahrhafter spass, der nur mit dem sparschäler gelingt und danach wunderschön aussieht und schmeckt …

gartenrauke – edler klingt natürlich rucola – zu essen kam erst in den achtziger jahren mit den anfängen der mediterranen, nun alles überschwappenden welle ins weinviertel. als wolfgang puck im „meisterkochen" des orf viel frischen rucola auf seiner pizza verteilte, wurde plötzlich unkraut essbar.

öl aus der gartenrauke

variante a: gartenrauke waschen, grob schneiden. in einem hohen gefäß mit salz, zucker und öl vermischen, mit dem stabmixer pürieren. im kühlschrank hält dieses öl gut verschlossen eine woche, danach verliert es an aroma.

tipp: man kann für dieses öl auch jene teile der rauke verwenden, die für einen salat unansehnlich sind, allerdings sollten sie schon noch knackig frisch sein. es kann zur verfeinerung von salaten, aber auch von fisch und hellem fleisch verwendet werden. sehr hübsch sieht es aus, mit dem öl mithilfe eines suppenlöffels eine spur rund um den teller zu ziehen.

variante b: alles wie bei a, nur ohne zucker, dafür mit knoblauch und einem kleinen, frischen pfefferoni von diesen hübschen, meist statt blumen auf restauranttischen zu findenden stöckchen.

> 100 g gartenrauke
> 1/4 l olivenöl
> 1 tl salz, prise zucker

bunte, klare gemüsesuppe

als kind mochte ich zwar noch keinen parmesan und mutter gestaltete die gemüsesuppe manchmal von der einlage her sehr einfach. zum beispiel jungen lauch, junge karotten, alles fein geschnitten, mit wasser und zwiebelschale aufkochen. darin meine heiß geliebten teig-buchstaben. meine mutter hatte noch von oma, die außer hebamme auch manchmal hochzeitsköchin war, einen buchstabenausstecher-satz, womit man nudelteig in 2 bis 3 cm große buchstaben ausstechen konnte. so gabs manchmal zu aller freude buchstaben, die nicht industriell gefertigt waren. durch das weichkochen in der suppe war die gemüsesuppe sämig und der spielerische schriftverkehr lecker anzusehen.

knoblauch und zwiebel fein schneiden, in olivenöl anrösten. stangensellerie in dünne stücke schneiden, weißkraut reißen, karotten, zucchini, erdäpfel würfeln, alles etwas mitrösten, paradeismark dazu, durchrühren, mit der suppe aufgießen. wenn die suppe kocht, die nudeln einlegen und mitkochen, bis sie al dente sind. in der letzten minute die erbsen dazugeben. anrichten und jeden teller mit frisch geriebenem parmesan bestreuen.

tipp: zartes grünes gemüse wie erbsen bleibt nur dann knackig-grün, wenn es ganz kurz in der kochend heißen suppe ist.

    3 el olivenöl
    2 zehen knoblauch
    1 kleine zwiebel
    100 g zucchini
    100 g stangensellerie
    100 g weißkraut
    100 g karotten
    100 g erdäpfel
    50 g grüne erbsen
    1 el paradeismark
    50 g traditionelle suppennudeln oder gebrochene makkaroni
    50 g geriebener parmesan
    1 l klare, entfettete suppe (rind-, gemüse- oder hühnersuppe)
    petersilie, salbei

rotkrautsalat

kraut vierteln und den strunk ausschneiden. kraut in feine streifen schneiden oder hobeln. salzen, durchmischen und ca. 30 minuten ziehen lassen. gut ausdrücken und die entstandene flüssigkeit abgießen. kraut mit zucker, lebkuchengewürz, pfeffer, apfelessig und rapsöl gut vermischen und mindestens 1 stunde ziehen lassen.

besonders appetitlich sieht der rotkrautsalat aus, wenn man ihn in einem gekochten kohlblatt eingewickelt anrichtet. dazu vier mittlere kohlblätter in salzwasser weich kochen, mit einem siebschöpfer herausheben, in kaltem wasser abschrecken und trockentupfen. grobe mittelrippen aus den kohlblättern schneiden. jedes kohlblatt zuerst mit rotkrautsalat belegen, dann einrollen und auf tellern anrichten.

dieser rotkrautsalat lässt sich als beilage auch wärmen. am einfachsten geschieht das in einem zugedeckten gefäß in der mikrowelle.

> 1000 g rotkraut
> 1 el salz
> 1 el kristallzucker
> 1 messerspitze lebkuchengewürz
> 1 prise grob geschroteter pfeffer
> 60 ml apfelessig
> 20 ml rapsöl

mangold-erdäpfel-suppe

mangold waschen, stiele herausschneiden und in grobe stücke teilen. mangoldblätter in feine streifen, die geschälten erdäpfel in kleine würfel schneiden. zwiebel grob würfeln und in 4 el olivenöl andünsten, erdäpfel, mangoldstiele und in vier teile geschnittene wurst beigeben. mit 1 1/2 l wasser auffüllen und weich kochen. wurst herausnehmen, in scheiben schneiden und auf die suppentassen verteilen. mangoldblätter in der suppe 3 minuten mitkochen. mit salz und pfeffer abschmecken und mit dem stabmixer pürieren.

> 300 g mangold
> 300 g erdäpfel
> 1 große gemüsezwiebel (ersatzweise eine rote zwiebel)
> 4 el olivenöl
> 2 längen kabanossi (oder eine andere harte, pikante wurst)
> salz, pfeffer

brennnessel-serviettenknöderln

eier, milch und salz versprudeln und über die semmelwürfel gießen, sodass sie gut befeuchtet werden. zwiebel fein schneiden und in schmalz (oder butter) goldgelb rösten. brennnesselblätter einige sekunden in kochendem salzwasser blanchieren. zwiebel und brennnesseln den semmelwürfeln beifügen. sind keine brennnesselblätter verfügbar, dann die serviettenknöderln mit gehackter petersilie und anderen gartenkräutern je nach persönlichem geschmack verfeinern.

tipp 1: knödelmasse nur kurz und mit leichter hand durchrühren, sonst entsteht ein undefinierbarer „gatsch".

tipp 2: natürlich kann man die masse nach traditioneller art in kochechte stoffservietten füllen, doch viel einfacher (gerade bei knöderln von geringerem durchmesser) und auch hygienischer ist es, von der klarsichtfolie quadratische stücke abzureißen, ins vordere drittel eine 3 cm hohe rolle knödelteig zu legen (am rand bleiben jeweils 5 cm frei) und die folie darüber zu wickeln. beide enden werden fest zusammengedreht.

salzwasser zum kochen bringen, knöderln einlegen und ca. 15 minuten in nur leicht kochendem wasser durchziehen lassen. klarsichtfolie hält temperaturen bis zu 120 grad aus.

werden nicht alle serviettenknöderln sofort gebraucht, so kann man sie in der klarsichtfolie abkühlen lassen, danach in 1 cm dicke scheiben schneiden und in einer pfanne mit butter – besonders fein ist ganslschmalz – auf beiden seiten knusprig braten.

> 300 g semmelwürfel
> 70 g schmalz (öl oder butter)
> 1 zwiebel
> 2 eier
> 1/4 l milch
> ca. 100 g frische brennnesselblätter (zwei hand voll kann ich nicht schreiben, sonst denken sie, ich sei ein küchensadist ...)
> salz

brokkoligemüse

brokkoli putzen und die röschen mit einem längeren stück stiel (ca. 5 cm lang) vom strunk schneiden. brokkolistücke in ein wenig aufgeschäumter butter anschwitzen, dabei behutsam einige male wenden. mit suppe oder mineralwasser untergießen und bei schwacher hitze zugedeckt höchstens 3 minuten bissfest dünsten. mild salzen.

tipp: wenn man brokkoli oder andere grüne gemüse zu lange dünstet oder warm hält, dann werden sie unansehnlich grau.

anti gesetz: sie schmecken aber dann noch immer wesentlich besser, und das muss einmal gesagt bzw. geschrieben werden, als bei der von profiköchen seit generationen erlernten und weitergegebenen technik: blanchieren, in kaltes wasser zum abfrischen und dann in mächtig viel butter oder noch schlimmer im so genannten „englischwasser" erwärmen. das ist die perfekte auswaschung von mineralstoffen und vitaminen.

> 750 g brokkoli
> 30 g butter
> 250 ml gemüsefond
> salz

currylinsen

linsen mit kaltem wasser gut bedeckt aufgießen und ca. 10 stunden einweichen. danach in ein sieb schütten, gut abtropfen lassen, in einen topf geben und mit ca. 3/4 l kaltem wasser aufgießen. zwiebel schälen und in ca. 2 cm große stücke schneiden. zwiebel und curry zu den linsen geben und diese weich kochen (ca. 40 minuten). linsen mit einem stabmixer fein pürieren, eventuell etwas obers dazu und mit salz würzen.

> 300 g braune linsen (oder bevorzugte farbe)
> 1 kleine zwiebel
> 1 tl milder curry
> eventuell 2 el obers
> salz

mit schwammerln gefüllter kohl

kohlblätter 1 minute lang in kochendem salzwasser blanchieren, anschließend in kaltem wasser abschrecken. schwammerln putzen und grobblättrig schneiden. zwiebel fein schneiden, in der butter anrösten, dann die schwammerln beifügen, kurz weiterrösten, zum schluss gehackte petersilie und die gewürze dazu. stärke mit etwas kaltem wasser verrühren, schwammerln damit leicht binden, nur mehr einmal aufkochen lassen, überkühlen lassen. das ei schlagen und unter die schwammerlmasse rühren. gleichmäßig auf die kohlblätter verteilen, alle vier seiten wie bei einem kleinen paket über die fülle schlagen. bräter mit öl befetten, kohlpackerln mit den enden nach unten eng nebeneinander einschlichten, mit gemüsefond untergießen. 15 minuten im 160 grad heißen rohr backen.

der gefüllte kohl eignet sich gut als zuspeise zu wildgerichten oder als eigener vegetarischer zwischengang. in diesem fall kann man ihn mit einigen kurz in butter angerösteten schwammerln dekorativ verfeinern.

> 12 schöne kohlblätter
> 200 g schwammerln (eierschwammerln, champignons o. ä.)
> 1 kleine zwiebel
> 50 g butter
> 1 tl stärke
> 1 ei
> 1 bund petersilie
> salz, pfeffer, gemahlener kümmel
> 1/4 l gemüsefond (siehe seite 35)
> 2 el öl

krautnudeln

aus dem teig für erdäpfelnockerln (siehe seite 37) kleine schupfnudeln formen (längliche, dünne, runde teigstücke) und wie beschrieben in salzwasser kochen. für das kraut öl erhitzen, fein geschnittene zwiebel und weißkraut langsam dunkel rösten. etwas salzen und mit dem groben pfeffer abschmecken. die heißen schupfnudeln untermischen und gemeinsam servieren.

diese krautnudeln eignen sich auch als beilage zu deftigen fleischgerichten. besonders eilige nehmen tiefgekühlte erdäpfelnudeln, kochen sie nach vorschrift und sautieren sie dann mit dem gerösteten, gewürzten zwiebel-kraut-gemisch eventuell im wok.

variationen: weinviertlerisch – in ganslschmalz anbraten, ganslrestlfleisch und frischen majoran, eventuell noch etwas ganslbratensaft (siehe seite 104).

exotisch – alles mit sesamöl anbraten und mit frischem ingwer, sojasauce und scharfer sambalwürze vollenden.

interkontinental – mit frittierten welsstreifen, knoblauch, zitrone und worcestershiresauce.

400 g mehlige erdäpfel
1 el zerlassenes schmalz
1 tl erdäpfelstärke
1 el grieß
1 el griffiges mehl
1 ei, größe m
salz, muskatnuss

200 g weißkraut
1 zwiebel
4 el erdnussöl
salz, grob gestoßener pfeffer

offene ravioli mit blattspinat, apfel und roten rüben gefüllt

die roten rüben mit einer prise salz in wasser weich kochen und schälen, in 1 cm große würfel schneiden. apfelwürferln in apfelsaft mit koriander aufkochen, herausnehmen und beiseite stellen. apfelsaft auf ein drittel einkochen, mit dem obers vermischen. stärke mit 2 el obers glatt verrühren und den saft damit unter rühren abziehen, kurz aufwallen lassen und mit einer prise salz abschmecken.

blattspinat in etwas butter wärmen, salzen, pfeffern. lasagneblätter in salzwasser mit etwas olivenöl al dente kochen, abtropfen und auf den tellern anrichten. mit blattspinat belegen, darauf die rüben- und apfelwürferln, mit der sauce überziehen. für alle, die eine gesunde schärfe mögen, noch etwas frischen kren darüber reiben.

> 8 bis 12 lasagne-nudelblätter
> 400 g rote rüben
> 200 g blattspinat (in salzwasser blanchiert oder aufgetaut)
> 200 g apfelwürferl
> 1/4 l apfelsaft
> 1/4 l obers
> 5 korianderkörner, zerdrückt
> 1 el stärke
> salz, pfeffer, eventuell frischer kren

spalterbsentopf mit selchschopf oder sojawürfeln

spalterbsen über nacht in reichlich wasser einweichen, in diesem wasser (es sollte die erbsen bedecken) die spalterbsen am tag danach ohne salz mit dem in würfel geschnittenen selchschopf (oder den vorher laut anleitung auf der packung eingeweichten sojawürfeln), den fein geschnittenen schalotten, den geschälten und blättrig geschnittenen karotten und dem thymian weich kochen. chinakohl in feine streifen schneiden und darunter mischen, nur mehr kurz aufkochen lassen. mit salz und pfeffer abschmecken. stärke mit etwas kaltem wasser verrühren, spalterbsentopf damit binden. je nach geschmack obers beifügen. beim anrichten das gericht mit apfelessig besprühen.

tipp: alle hülsenfrüchte ohne salz weich kochen und erst zum schluss würzen. fügt man der kochflüssigkeit salz bei, bleiben sie hart.

> 200 g spalterbsen
> 200 g selchschopf oder sojawürfel
> 100 g schalotten
> 2 karotten
> 1 kleiner bund frischer thymian
> 100 g chinakohl
> eventuell 1/16 l obers
> 1 tl stärke
> salz, pfeffer
> apfelessig in der sprühflasche

kohl- oder krautrouladen, gefüllt mit faschiertem

kraut- oder kohlblätter in salzwasser kurz blanchieren, damit sie geschmeidig werden, zu dicke mittelstrünke entfernen. semmeln in wasser einweichen. fein geschnittene zwiebeln und knoblauch in rapsöl anrösten, faschiertes beifügen, mitrösten. mit kümmel, zwischen den handballen zerdrücktem majoran, pfeffer und einer prise salz würzen. eingeweichte semmeln ausdrücken und gemeinsam mit den eiern zum faschierten mischen. masse auf den kraut- oder kohlblättern verteilen, einrollen. den rest des krautes oder des kohls in feine streifen schneiden, in einen bräter geben, darauf die rouladen setzen. mit gemüsefond untergießen und im Backrohr 30 minuten bei 180 grad dünsten. man kann das gericht mit glatt gerührtem sauerrahm oder paradeisermarinade (siehe seite 29) servieren.

> 300 g faschiertes fleisch (rind und schwein oder nur truthahn)
> 100 g zwiebeln
> 2 zehen knoblauch
> 2 eier
> 4 el rapsöl
> 1/2 l gemüsefond
> 2 semmeln
> 8 bis 16 kraut- oder kohlblätter
> salz, pfeffer, majoran, gemahlener kümmel

kohlgemüse mit krebsen und fisch

1 kohlkopf („wirsing" heißt unser normales „kelchhappl" bei unseren nörd-
lichen und westlichen nachbarn, nicht grünkohl. das ist etwas ganz anderes,
was waschechte österreicher bis heute nicht kennen: stark gekrautstes, hartes,
fast wie kochsalat kohlig schmeckendes grünzeug, das erst nach dem frieren
auf der meterhohen staude so richtig schmeckt. holländer und norddeutsche
essen es zu würsten und erdäpfeln.)

kohlkopf in blätter teilen, waschen und in feine streifchen („julienne") schneiden. zwiebel in würfel schneiden und in butter andünsten, kohl dazu, würzen,
obers beifügen und weiterdünsten. mit dem geschälten und wie kren geriebenen erdapfel binden. wallerfilet mit salz, zitrone und gehackter dille gewürzt
auf den kochenden kohl legen. 5 minuten zugedeckt dämpfen.

variante: auf dem kohl kann man auch gekochte krebse, forellen oder karpfenfilets wärmen.

beim anrichten mit knusprigen chips und kräutern kann man viele
geschmackliche nuancen probieren. ganz lecker ist kohl auch mit einer prise
madras-currypulver und einem kräftigen löffel mangochutney.

> 1 kohlkopf
> 50 g butter
> 1 große zwiebel
> 1 großer mehliger erdapfel
> 4 (ca. 600 g) wallerfilets
> 1/4 l obers
> salz, pfeffer, kümmel, majoran, zitrone, dille

leichte häuptlsalatsuppe mit räucherkarpfen

für besondere anlässe mit langustenmedaillon oder vegetarisch mit verlore-
nem ei, mit kleinen händen und noch kleinerem magen mit wachtelei
(einer meiner absoluten klassiker, vor 31 jahren erfunden, weil in der sommerhitze manchmal der kopfsalat so schnell welk wurde ...)
nun einmal etwas klassische kochschule (mit augenzwinkern ...):

die basis ist die so genannte velouté, die samtsuppe. schalotten fein schneiden
und mit heißem wasser im spitzsieb auswaschen, um den rohzwiebelgeschmack zu mildern. in butter anschwitzen und mit dem mehl, ständig mit
dem kochlöffel rührend, eine weiße roux (einmach) zubereiten. kurz blond rösten, mit der kalten suppe (eine komponente sollte immer kalt sein, dann gibt
es keine klumpen, was in der zeit der stabmixer aber völlig egal, sozusagen
piepegal geworden ist) auffüllen und während des aufkochens mit dem
schneebesen glatt rühren. ca. 20 minuten kochen lassen, um den rohmehlge-
schmack und das pampige wegzukochen. danach wurde früher „heavy" mit
eidottern und obers legiert oder mit eiskalten butterwürferln „montiert" ...
... nicht bei unserem rezept. wir geben die roh, klein geschnittenen salatblätter
dazu, lassen kurz aufkochen, fügen das obers bei, würzen und stabmixen. die
schaumige suppe in suppentellern anrichten, muskatnuss lässig darüber reiben.
eventuell noch eine zarte spur mit öl aus der gartenrauke (siehe seite 49) ziehen.
den räucherkarpfen lauwarm (entweder im backrohr oder in der mikrowelle
wärmen), in grobe würfel geschnitten eventuell auf etwas aufgetürmtem
erdäpfelstroh (siehe seite 22) über die suppe legen. die „moderne" küche will
heute überall hoch hinaus, es werden manchmal hohe, vom ober kaum ser-
vierbare türme gestaltet, aber vielleicht macht gerade das uns köchen spaß ...
varianten: langustenschwanz gibts bei uns manchmal aus dem tiefkühlschlaf.
auftauen und mit der karkasse (schale) in scheiben schneiden und kurz in butter braten. salzen und mit der butter auf der suppe anrichten.
verlorene eier werden in einzelne tassen aufgeschlagen und in wirklich nach
essig schmeckendem wasser pochiert. beim einlegen mit dem kochlöffel nach-
formen, damit sich das eiweiß um den dotter legt. nacheinander vorsichtig einlegen und ca. 4 bis 5 minuten bei hühnereiern, 2 minuten bei wachteleiern in
perlendem wasser bei ca. 95 grad pochieren.

> räucherkarpfen
> 50 g butter
> 50 g feinst gehackte schalotten
> 50 g glattes mehl
> je nach saison kopfsalatblätter, vogerlsalat
> 1 l gemüse- oder hendlfond
> 1/4 l obers, salz, muskatnuss, weißer pfeffer aus der mühle

schwammerln

schwammerln

mein lieblingslieferant war walter schachner. jener, der österreichs fußballna-
tionalmannschaft mit toren bei der wm in argentinien zum sieg verhalf und
der ein unheimliches gefühl für schöne steinpilze und eierschwammerln hat.
außerdem war er morgens immer schneller als die anderen schwammerlsu-
cher. zum selbersuchen kam ich immer nur im urlaub und mit mäßigem
erfolg.

erfolgreich waren wir als schüler beim spitzmorchel-sammeln am mühlbach,
aber leider nahm uns der herr fachlehrer wetter (wie gewitter) am ende der
turnstunde die beute ab. wir erkannten den wahren warenwert nicht, dachten,
er handelt frei nach dem weinviertler spruch, dass nur selberessen fett macht.

meine schwammerl-lieblinge sind neben den gängigen wie eierschwammerl
und steinpilze die herbst- oder totentrompeten, schon wegen ihres namens, der
farbe und des geschmacks. am liebsten nur geröstet mit schalotten auf eichblattsalat mit erdäpfelvinaigrette. seit ich durch meinen freilandschweindl-
bauern den geschmack wilder austernpilze kennen gelernt habe, macht es mir
wieder spaß, diese schwammerln zu grillen, mit liebstöckel und mit kräuterbrö-
seln zu gratinieren. auch an schneeweißen, harten, frischen champignons
führt kein weg vorbei. sie müssen sein und sei es mit dem trüffelhobel über
frische blattsalate ...

70 kilo „schwarzes gold", die perigordtrüffeln, musste ich einmal für monsieur
boyer in reims im drei-sterne-schuppen „les crayères", dem schloss von madame pommery, nur mit meersalz und mineralwasser einrexen. in rindsuppe
gekochte, dicke, schwarze trüffelscheiben mit ein paar selbst gemachten suppennudeln empfinde ich als die erfüllung aller trüffelträume.

herr rottenhöfer, seines zeichens mundkoch bei könig maximilian dem zweiten
von bayern, befand bereits um 1770, dass weiße trüffeln aus dem piemont eine
modeerscheinung seien und dass ihnen die schwarzen aus dem perigord,
gekocht, vorzuziehen seien. roh über ein gericht gehobelt, würde ich nur die
„modeerscheinung" dulden – auch wenn sie manchmal einem zarten knob-
lauchduft ähnelt. oder – wie in einem anderen alten kochbuch abfällig
bemerkt – einem wilden eber zwischen den beinen ...

morchelsuppe

zwiebel fein schneiden und mit den morcheln in butter anrösten. mit mehl „stauben" (das mehl unterrühren), kümmel dazu, mit einem 1/16 l noilly prat ablöschen und mit dem fond auffüllen. morcheln 10 minuten mitkochen lassen, dann herausnehmen und klein schneiden. suppe mit obers, salz und pfeffer vollenden, die morcheln wieder einlegen und servieren.
hervorragend passen in diese suppe ganz kleine bröselknöderln (siehe seite 18).

> 200 g morcheln (wenn es keine frischen gibt, dann 50 g getrocknete
> in wasser einweichen)
> 1 l hühner- oder kalbsfond (siehe seite 93 oder 120)
> 1 zwiebel
> 30 g butter
> 1 el griffiges mehl
> 1/8 l obers
> 1/16 l noilly prat oder ein anderer trockener wermut
> salz, pfeffer, gemahlener kümmel

klare steinpilzsuppe

steinpilze gut putzen, die schönsten teile (maximal ein drittel) in feine blätter schneiden und zur seite stellen. zwiebel fein schneiden, in butter anrösten, restliche steinpilze mitrösten, mit salz, pfeffer, kümmel würzen, mit fond ablöschen. steinpilzsuppe 30 minuten kochen lassen, danach durch ein feines sieb (besser ist ein etamintuch) seihen. noch einmal aufkochen, feinblättrig geschnittene steinpilze 1 minute mitkochen, suppe mit ein klein wenig sojasauce abrunden. als weitere einlage passen gut maroni-nockerln (siehe seite 162).
tipp 1: reinigen sie steinpilze durch abwischen mit küchenrolle oder abpinseln und etwas schaben, vermeiden sie, wenn möglich, wasser. beim putzen immer so halten, dass der schmutz nicht von unten in die kappe rieselt.
tipp 2: steinpilze müssen immer sehr luftig aufbewahrt werden. nie übereinander schichten, wenn vorhanden, einen locheinsatz verwenden. nie in einem plastiksackerl transportieren. zugedeckt dürfen sie nur mit einem stück trockener küchenrolle werden (sie zieht gleichzeitig feuchtigkeit aus den schwammerln).

> 500 g steinpilze
> 1 l rindsuppe oder gemüsefond (siehe seite 119 oder 35)
> 1 zwiebel
> 30 g butter
> salz, pfeffer, gemahlener kümmel, sojasauce

eierschwammerlterrine mit erdäpfeln und lauch

das wort terrine kommt von terra, weil man früher einmal irdene (aus lehm gefertigte) formen verwendete.

eierschwammerln putzen, blättrig schneiden und in butter anrösten, mit salz und kümmel würzen. lauch halbieren, waschen, im gemüsefond weich kochen, herausnehmen. erdäpfel schälen und in scheiben schneiden, ebenfalls im fond kochen und wieder herausnehmen. die kalt eingeweichte gelatine in der heißen suppe auflösen, mit salz und pfeffer nachwürzen.
eine terrinenform mit klarsichtfolie auslegen und eierschwammerln, lauch und erdäpfel abwechselnd einschichten. mit der suppe bedecken und im kühlschrank mindestens 3 stunden kalt stellen. die fest gewordene terrine vorsichtig in scheiben schneiden und mit etwas mariniertem blattsalat anrichten.
tipp: am besten lässt sich die terrine aufschneiden, wenn man die klarsichtfolie darauf lässt und ein elektromesser verwendet. auf keinen fall beim schneiden viel druck ausüben.

> 300 g eierschwammerln (ersatzweise andere schwammerln)
> 300 g lauch
> 300 g erdäpfel
> 30 g butter
> 1/4 l gemüsefond
> 5 blatt gelatine
> salz, pfeffer, gemahlener kümmel

eierschwammerltatar

(frei nach helmut österreicher)

eierschwammerln putzen und fein hacken. zwiebel fein schneiden. petersilie hacken, estragonblätter zupfen. alle zutaten im öl nur andämpfen, mit etwas apfelbalsamessig und grobem meersalz würzen. mindestens eine stunde im kühlschrank durchziehen lassen. entweder ganz pur mit einem pfefferrand oder auf einem mischblattsalat-bouquet mit hauchdünn geschnittenem rohschinken anrichten. mit wildschweinschinken oder hirschschinken ist das tatar ein besonderer genuss.

> 600 g feste, möglichst trockene eierschwammerln
> 1 frühlingszwiebel
> 4 el mohn- oder walnussöl
> 1 kleiner bund petersilie, zwei zweige estragon
> grobes meersalz

eierspeis mit trüffel

jenen gastro-kritikern, die uns jahrelang vorgeschwärmt hatten, wie toll doch trüffelöl sei und wie man es über fast alles schütten könne, über rettich, reis, zwiebeln, äpfel, käse und linke wachtelkniescheiben (frei nach karl eschlböck, dem erfinder des ketchups am grammelknödel), denen sei gesagt, wenn sie nun behaupten, wir verwenden es überall, es sei das maggi des jahres 2000: auch wenn es oft künstlich erzeugt wird, in kleinen, feinen dosen schmeckt es noch immer jenen, die nicht davon überessen sind, die nicht schon aller genüsse überdrüssig sind. jetzt nehmen uns diese kritiker den trüffelhobel geistig weg und erklären die vorteile und die besonderheiten des krenreißers – als würden wir das regionale vernachlässigt haben. aber auch köche lieben ausflüge in das nicht alltägliche. und trotzdem will ich zum beispiel keinen ferrari, weil im winter keine schneeketten darauf passen. das zum thema eierspeis mit trüffelöl.

butter zerlassen, eier (ohne sie vorher zu verschlagen) in die butter gleiten lassen, bei geringer hitze mit dem kochlöffel stockend zur mitte hin schieben, aber auf keinen fall trocken werden lassen. 1 minute ziehen lassen, salzen. am tisch trüffel darüber hobeln.

tipp: alle, die gerne intensiveres trüffelaroma wollen oder keine trüffel zur verfügung haben, beträufeln die eierspeis noch mit einigen tropfen trüffelöl.

> 8 ganz frische eier
> 50 g butter
> salz
> 1 frische sommertrüffel (aus einer gegend, die ich ihnen verheimlichen muss. tatsache ist, dass metternichs köche versuchten, im semmering-umland trüffeln über trüffelschalen zur myzelbildung zu verleiten. vielleicht gibt es sie deshalb dort, wo man sie noch heute findet.)
> einige tropfen trüffelöl

gebackene schwammerln auf buntem salat

schwammerln putzen und in dicke (rund 1 cm) scheiben schneiden. die stücke sollten auch nach dem backen gut erkennbar sein. schwammerln trockentupfen und salzen. danach in mehl, verschlagenem ei und bröseln panieren. in einer pfanne 3 cm hoch öl erhitzen. schwammerln portionsweise herausbacken, mit küchenpapier abtupfen und im rohr bei 70 grad auf einem mit küchenpapier belegten blech warm stellen.

salate waschen, trocknen (am besten eignet sich eine salatschleuder, ansonsten muss man eben selbst „salatschleuder" spielen und den salat in einem tuchsieb so lange schwingen, bis er trocken ist) und in der mitte großer teller gupfartig anrichten. aus olivenöl, balsamico-essig, salz und pfeffer eine marinade rühren und diese entsprechend verteilen. gebackene schwammerln an den salatgupf legen, eventuell mit fein geschnittenem schnittlauch bestreuen.

tipp: etwas getrocknetes weißbrot oder semmeln abrinden und in der küchenmaschine oder einem kleincutter zerhacken. mit etwas gehackten petersilienblättern ergibt das grobe, aromatische brösel – so genanntes „mie de pain". damit werden die schwammerln noch besser.

eine schnelle sauce dazu: 3 el 20%ige mayonnaise mit 3 el sauerrahm und 2 el grobem, angekeimtem senf vermischen, mit salz und pfeffer abschmecken, eventuell mit gehacktem schnittlauch bestreut servieren.

> 200 g kleine feste steinpilze
> 200 g feste eier- oder andere schwammerln der saison
> ei, mehl und brösel zum panieren
> öl zum backen
> bunte blattsalate (für die, die es etwas bitter mögen, auf alle fälle
> auch etwas radicchio rosso und endiviensalat)
> 1/16 l olivenöl
> 3 el balsamico-essig
> salz, pfeffer
> eventuell schnittlauch

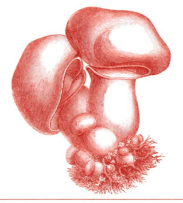

eierschwammerln à la creme

eierschwammerln putzen, kleine ganz lassen, größere in einige teile schneiden. die hälfte der butter erhitzen, mit dem mehl verrühren und ein, zwei minuten rösten. diese roux zur seite stellen. fein geschnittene zwiebel in der restlichen butter anrösten, eierschwammerln beifügen, mit salz, pfeffer, kümmel würzen und maximal 3 minuten weiterrösten. obers und roux dazufügen, durchrühren, mit gehackter petersilie bestreuen.

dazu passen zum beispiel serviettenknöderln (siehe seite 52). wer es lieber fleischig mag, kann gebratene hühnerbrust (jede hühnerbrust der länge nach in 3 teile schneiden, in butter und etwas fein geschnittener zwiebel anbraten, salzen, pfeffern, wenn das fleisch farbe angenommen hat, eventuell mit etwas wermut ablöschen oder gleich im warmen rohr bei ca. 70 grad eine viertelstunde durchziehen lassen) oder einen rosa gebratenen rostbraten (rostbratenschnitzel von sehnen befreien, in einer mischung aus olivenöl und butter scharf auf beiden seiten anbraten, mit grobem salz und grob gestoßenem pfeffer würzen, ebenfalls im rohr eine viertelstunde bei ca. 70 grad ziehen lassen) dazu servieren.

variante: 8 dicke lammkoteletts mit taschen versehen, das heißt, seitlich in die rose schneiden, kalte, cremige eierschwammerln mit einem kleinen löffel oder dressiersack einfüllen, salzen, mit mehl, ei und den groben bröseln panieren. in 160 grad heißem fett backen. die koteletts sollen innen noch rosa sein.

mit reichlich blattsalat und der senfmayonnaise (mit etwas scharfem senf verstärkt) servieren.

> 500 g eierschwammerln
> 1 zwiebel
> 60 g butter
> 30 g glattes mehl
> 1/8 l obers
> petersilie
> salz, pfeffer, gemahlener kümmel

selbst gemachte eiernudeln mit schwammerln und trüffelöl

aus mehl, dotter, olivenöl und salz einen nudelteig bereiten – minimal (nur falls der teig nicht bindet) so viel wasser dazugeben, dass ein sehr fester, aber nicht bröseliger teig entsteht. so lange kneten, bis er samtig glatt ist. entweder mithilfe einer nudelmaschine in blätter rollen (stufe 5) oder mit dem nudelwalker messerrückendick ausrollen. mit der hand in ca. 30 cm lange und 3 cm breite streifen schneiden, bemehlen.

schwammerln putzen und in schöne stücke schneiden. fein geschnittene schalotten in butter anrösten, schwammerln maximal 3 minuten mitrösten. nudeln in viel kochendem salzwasser 2 minuten kochen, sofort abseihen und in olivenöl schwenken. mit der schwammerlmischung anrichten, mit etwas trüffelöl verfeinern. salbeiblätter in ganz feine streifen („julienne") schneiden, in olivenöl anschwitzen, über die schwammerln streuen.

> 12 dotter
> 250 g hartweizen-mehl (= grano duro; es wird inzwischen auch als „nudelmehl" verkauft; falls es keines gibt, funktioniert der teig auch mit üblichem glattem mehl)
> 50 g glattes mehl
> 1 el olivenöl
> salz
> 200 g frische schwammerln der saison
> 3 schalotten (oder als ersatz eine kleine zwiebel)
> 80 g butter
> 2 frische salbeiblätter
> trüffelöl

gefüllte morcheln

getrocknete morcheln wässern, frische morcheln putzen. truthahnbrust von sehnen befreien und in kleine würfel schneiden. schalotte und petersilienblätter grob schneiden, blattspinat gut ausdrücken. alle zutaten gemeinsam mit dem ei, dem obers und den gewürzen im cutter fein pürieren. masse in einen dressiersack füllen (ersatzweise tut es auch ein plastiksackerl, dem man die spitze abgeschnitten hat) und in die morcheln drücken. salzwasser zum kochen bringen und die morcheln darin rund 10 minuten garziehen lassen (nicht wallend kochen). die gefüllten morcheln in butter schwenken, eventuell nachsalzen und entweder als kleinigkeit für sich (mit frischem, hauchdünn geschnittenem und getoastetem weißbrot) oder als beilage zu gebratenem fleisch oder in oberssauce oder in morchelsuppe servieren.

200 g frische oder 50 g getrocknete morcheln
100 g truthahnbrust
50 g blattspinat (in salzwasser blanchiert oder aufgetaut)
1 bund petersilie
1 kleines ei
1 schalotte
1/8 l obers
40 g butter
salz, weißer pfeffer

sautierte steinpilze mit trüffelöl

steinpilze putzen und in ca. 5 mm dicke scheiben schneiden. schalotten fein schneiden und in olivenöl anschwitzen, schwammerln und gewürze (bis auf den pfeffer) dazu, maximal drei minuten rösten. lorbeerblatt und rosmarin- zweig entfernen, auf großen tellern anrichten, jede portion mit einigen tropfen trüffelöl beträufeln. den rand mit pfeffer bestreuen.

mit geröstetem weißbrot servieren oder als beilage zu diversen fleisch- und wildgerichten. einmal anders: probieren sie die schwammerln zu einem ge- grillten fischfilet (zander oder lachsforelle, aber auch angler und wolfsbarsch passen sehr gut).

500 g kleine, feste steinpilze
3 schalotten
4 el olivenöl
1 el trüffelöl
salz, gemahlener kümmel, lorbeerblatt, 1 zweig rosmarin
pfeffer

eierschwammerl-gulasch

in der hälfte der butter die fein geschnittenen zwiebeln anrösten, mit paprika, cayennepfeffer und salz würzen, den fond dazugießen und eine halbe stunde köcheln lassen. danach das lorbeerblatt und die geschälten und der länge nach halbierten erdäpfel mitkochen, bis sie weich sind. eierschwammerln putzen, kleine schwammerln ganz lassen, große halbieren oder vierteln. eierschwammerln in der restlichen butter maximal 3 minuten anrösten, mit kümmel würzen und danach zum gulasch geben. einmal gemeinsam aufkochen lassen, obers beifügen. wer das gulasch lieber dicker mag, der bindet es mit etwas in kaltem wasser verrührter stärke.

auf heißen suppentellern anrichten und mit reichlich gehackter petersilie bestreuen.

600 g eierschwammerln
2 zwiebeln
60 g butter
1/2 l hühner- oder gemüsefond (siehe seite 93 oder 35; ersatzweise
1/2 l wasser mit 1 el gemüsewürze)
400 g kleine, fest kochende erdäpfel
eventuell 1 el stärke
1/8 l obers
1 bund petersilie
mildes paprikapulver, cayennepfeffer, salz, gemahlener kümmel
1 lorbeerblatt

strudel mit schwammerl-fülle

warum kombinieren sie nicht fleisch oder fisch mit schwammerln?

ob sie nun ein schönes kalbsnaturschnitzerl unter die schwammerln – aus welchen pilzen auch immer – schieben, etwas schwein sautieren und mit dem eierschwammerlgulasch „verheiraten" – ich traue ihnen das einfach zu, gerade in einer zeit der kollektiven, kulinarischen massenberieselung, wenn sie frei nach jamie oliver, schüttend nach allen richtungen, freihändig nach rockmusik kochen. da verliert nur der regieassistent, der ihre küche säubert, andauernd die nerven. das schöne am kochen zuhause ist der geruch, das schöne am fernseh-kochen ist, dass sie nicht putzen müssen, das putzen nicht einmal sehen müssen.

schwammerln putzen und blättrig schneiden. fein geschnittene schalotten in butter anrösten, lauch dünnblättrig schneiden und gemeisam mit den schwammerln maximal 3 minuten mitrösten. mit salz und kümmel abschmecken, beiseite stellen und mit gehackter petersilie bestreuen.

strudelblätter auf einem feuchten tuch auslegen, das vordere drittel mit der fülle belegen, zusammenrollen.

tipp: wenn sie die strudelblätter halbieren, erhalten sie strudel von geringerem durchmesser, die sich besonders schön anrichten lassen und die auch als vorgericht besonders geeignet sind.

blech mit öl befetten, strudel vorsichtig mit dem schluss nach unten aufs blech legen. ei schlagen und die strudel damit bestreichen. im vorgeheizten backrohr bei 170 grad 15 minuten backen.

> 1 pk strudelblätter
> 400 g schwammerln (eierschwammerln, austernpilze, semmelstoppelpilze, herbsttrompeten, unter umständen gemischt mit champignons)
> 50 g butter
> 1 stange lauch
> 2 schalotten (oder 1/2 zwiebel)
> 1 ei
> öl zum befetten
> petersilie
> salz, gemahlener kümmel

fische
und andere
wassertiere

fische

weißfische aus dem rußbach, davon träumten wir. aus draht angelhaken und widerhaken, selbst gebastelt mit dicker rebschnur und holunderstaudenstange. das basteln war das größte vergnügen, danach wars nur mehr fad, unsere form des fischefütterns, frei von jedem fischfangertrag ...

mutter hatte immer angst vor gräten. deshalb kamen mit dem aufkommen der fischstäbchen bei uns nur mehr dieselbigen auf den tisch. bei freunden lernte ich die freuden einer forelle im ganzen gebraten kennen und beim schulausflug den steckerlfisch. dass man kinder auch mit austern aufziehen kann, sah ich erst jahre später auf der insel re in der bretagne, wo austern über jahrhunderte als volksnahrungsmittel und nicht als luxus schlechthin gelten.

meine holländische schwiegermutter lehrte mich muscheln kochen, ein belgier, wie man sie füttert. bier und genever, nieuwe hareng und garnelen brootjes waren schwestern und brüder. zum geburtstag gabs seezunge, und der weinviertler konnte plötzlich auch mit fischbesteck essen.

hummer auf prince edward island, an der tankstelle mit majo gegessen, silberlachs in fjell bei bergen, geselcht wie schwarzgeräuchertes, langusten nur gekocht wie burenwurst am markt in djakarta – wenn man diese bei uns als besonderheiten geltenden lebensmittel in der ursprünglichen umgebung genießt, verliert sich der luxusstellenwert und man kann die qualität des einheimischen wieder richtig schätzen.

in tokio am fischmarkt erlebte ich, wie frischer fisch wirklich sein kann. noch nie sah ich so viele arten lebend, und gerade dort, in der fülle, wird einem bewusst, dass der mensch nicht alles aus dem meer nehmen darf, nur weil er es technisch möglich gemacht hat. ohne quoten, fangsaisonen und rigorose beschränkungen wird es ihm eines tages wie uns früher beim rußbach gehen. nur mehr füttern ist möglich ...

fischnockerln (farce)

fischfilet in kleine würfel schneiden, mit den anderen zutaten vermengen. alles durch den fleischwolf drehen, anschließend im cutter pürieren und kalt stellen. salzwasser zum kochen bringen. fingernagelgroße nockerln formen, einlegen und ca. 5 minuten ziehen lassen (das wasser sollte auf keinen fall sprudelnd kochen).

diese fischfarce kann man auch mit wurzelwerk „brunoise" (kleine würfel) anreichern. in saitlinge (schafdarm) gefüllt, ergibt das nach dem garziehen in wasser fischbratwürstel, die man wie weißwurst nur gekocht oder in etwas butter gebraten mit brot und senf serviert.

fischnockerln passen als einlage in klare (fisch-)suppen, aber auch als ergänzung in diverse saucen zu fisch.

variante: die nockerln lassen sich auch in einer einfachen nudelsauce verarbeiten. dazu schneidet man zwiebel und etwas knoblauch klein, schwitzt beides in butter an, löscht mit wermut oder veltliner ab und gießt mit etwas obers auf. soll die sauce dicker werden, verrührt man einen tl stärke in etwas wermut und bindet sie damit. danach mischt man sie mit nudeln und fügt die nockerln bei.

> 250 g weißes fischfilet (auch lachsfilet oder eine mischung aus fisch und shrimps)
> 1 schalotte
> 1 ei
> 1/8 l obers
> salz, weißer pfeffer aus der mühle

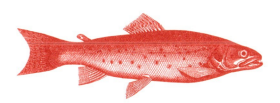

klare suppe von heimischen fischen

die schönsten stücke fischfilet in 2 cm breite streifen schneiden und zur seite stellen. zwiebel fein schneiden und anrösten, gräten, haut und die weniger schönen fischstücke (enden) beifügen. zerdrückten knoblauch mitrösten, mit weißwein ablöschen und mit wasser aufgießen. gemüse waschen, karotten und rüben schälen, schalen und wurzelgemüse mit lorbeerblatt, salz, pfeffer- und neugewürzkörnern zum fischsud geben und alles eine viertelstunde kochen lassen. wurzelgemüse als einlage zur seite stellen. suppe durch ein haarsieb (besser durch ein etamintuch) seihen. gemüse in scheiben schneiden, suppe noch einmal aufkochen, abschmecken, fischfiletstreifen einlegen und 5 minuten ziehen lassen (die suppe sollte jetzt nicht mehr aufkochen).
beim anrichten mit gezupftem dillkraut garnieren und mit frisch gemahlenem koriander vollenden.

> 300 g karpfen
> 300 g hecht
> 300 g waller
> 1 zwiebel
> 2 zehen knoblauch
> 4 el olivenöl
> 1/4 l trockener, nicht zu säurehaltiger weißwein
> 3/4 l wasser
> 2 karotten
> 2 gelbe rüben
> 1 stange sellerie
> paprikapulver, varianten mit kurkuma oder safran
> lorbeerblatt, salz, 10 pfefferkörner, 4 körner neugewürz
> koriander aus der mühle

scharfe klare lachsforellensuppe
mit ingwer und kokosrum

diese suppe eignet sich hervorragend für alle, die noch keine weltmeister im trennen von fischfleisch und gräten sind, es aber üben möchten. zuerst trennt man mit einem scharfen messer den kopf ab: man schneidet dazu schräg hinter die kiemen, sodass so wenig wie möglich fleisch am kopfteil bleibt. danach filetiert man den fisch von der rückengräte ausgehend. ganz wichtig ist es, mit dem messer nicht zu stark aufzudrücken, sonst zerschneidet man nur allzu leicht die filets. mit einer pinzette die steggräten ziehen. die grätenfreien mittelstücke (maximal 300 g) in würfel schneiden und zur seite stellen.
gemüse waschen, karotte und rübe schälen. vom lauch das zarte grün und vom stangensellerie den schönsten teil (das herz) aufheben (maximal jeweils ein viertel der menge) und zur seite geben. den rest für den fond in grobe scheiben schneiden. gemüseschalen, geschälten und in stücke geschnittenen ingwer, sellerie und lauch im olivenöl anrösten, chili und fischreste beifügen und mitrösten. mit weißwein ablöschen, mit 3/4 l wasser aufgießen, gewürze dazugeben, karotte und rübe einlegen. kochen lassen, bis sie gar, aber noch bissfest sind. wurzelgemüse zur seite geben, fischsuppe abseihen, noch einmal aufkochen, bei bedarf nachwürzen. karotte und rübe in scheiben schneiden, zur suppe geben. restlichen stangensellerie und den grünen teil vom lauch in feine scheiben legen, in der suppe zwei minuten kochen, fischwürfel einlegen, kokosrum dazuleeren und die suppe 3 minuten (ohne dass sie noch einmal aufkocht) ziehen lassen.

2 (ca. 800 g) lachsforellen
1 karotte
1 gelbe rübe
1 stange sellerie
1 stange lauch
1/4 l trockener weißwein
50 g frischer ingwer
1 chilischote (oder 1 tl sambal oelek)
3 el olivenöl
5 cl klarer kokosrum
salz, 4 neugewürzkörner, 10 pfefferkörner

„philippinisches" karpfen-adobo vom heimischen karpfen

zutaten der marinade vermischen (mit salz und zucker als gewürz sparsam umgehen). die limetten mit der aufschnittmaschine in 8 dünne scheiben (für die garnitur) schneiden, den saft und die abgeriebene schale von den resten zur marinade geben. die karpfenfilets marinieren und zumindest 2 Stunden im kühlschrank ziehen lassen. mit geschnittener jungzwiebel und feinen limetten-scheiben anrichten.

tipp: nach wildkarpfen zu „fahnden" lohnt sich: ihr fleisch ist viel magerer, es kommt auch nie vor, dass sie „grundeln", also jenen schlammgeschmack ent-wickeln, den ihre weniger wilden verwandten aus „günstigerem" fischwasser bisweilen anziehen.

2 ganz frische karpfenfilets
2 tl frisch geriebener ingwer
20 frische korianderblätter
2 el hot ketchup
1 tl sojasauce
saft einer halben zitrone
salz, zucker
1 jungzwiebel
2 limetten

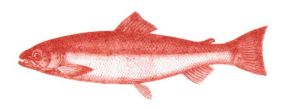

gegrillte wildkarpfenstreifen
mit getrüffelter erdäpfelmarinade

erdäpfel schälen, kochen, durch ein passiersieb streichen. mit apfelessig, 4 cl sonnenblumenöl, trüffelöl, salz und weißem pfeffer gemeinsam mixen. die marinade sollte dickflüssig sein, verdünnen kann man sie am besten mit etwas kalter suppe, sonst einfach mit etwas wasser.

salat waschen, trockenschleudern, in der mitte der teller anrichten. wildkarpfen in 2 cm dicke streifen schneiden, auf der hautseite in den polentagrieß tauchen und in 2 cl sonnenblumenöl knusprig braten. nur für ca. 30 sekunden wenden. salat mit balsam-essig besprühen. karpfen mit der hautseite nach oben darauf legen, mit grobem meersalz bestreuen. rundherum getrüffelte erdäpfelmarinade anrichten (eine spur rund um den salat ziehen oder links und rechts vom salat platzieren, auch kleine punkte aufzutragen ist eine optisch gelungene möglichkeit).

300 g wildkarpfenfilet
etwas polentagrieß
blattsalate der saison
apfel-balsam-essig zum besprühen
100 g mehlige erdäpfel
2 cl apfelessig
6 cl sonnenblumenöl
einige tropfen trüffelöl
salz, weißer pfeffer
grobes meersalz
dünne limettenscheiben

flusskrebs-gupferln

flusskrebsschwänze auslösen. die schalen der krebse zerstoßen (am besten in einem sack mithilfe eines fleischklopfers), gemeinsam mit den scheren in butterschmalz andünsten und abseihen, scheren zur seite stellen. fein geschnittene zwiebel und blättrig geschnittenen stangensellerie im sud anschwitzen. flusskrebsschwänze beifügen, mit salz und cayennepfeffer würzen. zugedeckt 4 minuten dämpfen, herausnehmen und in porzellanförmchen (oder tassen) verteilen. butterschmalz-gemüse-mischung weiterkochen, bis der krebssud verdampft ist (wenn keine luftblasen mehr aufsteigen). danach in die förmchen gießen. kalt stellen, bis das butterschmalz stockt. die förmchen vor dem stürzen kurz in heißes wasser tauchen. mit zitronenscheiben und den scheren anrichten.

500 g flusskrebse (ersatzweise garnelen oder scampi)
100 g stangensellerie
100 g butterschmalz
1 kleine zwiebel
zitrone
cayennepfeffer, salz, geriebene muskatnuss

marinierte, gebratene sardinen auf orangenkürbis

darm und mittelgräte von den sardinen entfernen (den bauch öffnen, den darm herausnehmen, die rückengräte nach dem kopf und vor dem letzten schwanzstück abbrechen – kopf und schwanz sollten dranbleiben – und entfernen. am einfachsten geht das meistens mit den fingern). mit salz, etwas zucker, zitronensaft und chiliflocken (ersatzweise sambal oelek) marinieren. die fische kann man auch am vortag vorbereiten und über nacht durchziehen lassen.

orange waschen und mit dem sparschäler schälen (so wenig weißes wie möglich, sonst wird alles bitter). kürbis schälen, kerne entfernen und in grobe stücke schneiden (mindestens 3 cm groß). Fein geschnittene zwiebel in butter anrösten, kürbisstücke beifügen, orangenschalen dazu, mit dem weißweinessig und dem saft der orange ablöschen. salzen und zugedeckt kochen lassen, bis der kürbis weich ist.

sardinenfilets auf der hautseite in mehl tauchen, in einer pfanne mit dem olivenöl auf der hautseite knusprig braten (nicht umdrehen, sie werden auch so gar, aber nicht trocken).

kürbiswürfel in der mitte eines tellers anrichten, darauf, mit der hautseite nach oben, die sardinen legen. mit hauchdünnen scheiben von zitrone und orange vollenden.

> 500 g frische sardinen
> etwas mehl
> 4 el olivenöl
> 600 g kürbis (muskatkürbis oder ein anderer orangefleischiger kürbis)
> 1 bio-orange
> 1 kleine zwiebel
> 30 g butter
> 4 cl weißweinessig
> salz, zucker, zitronensaft von einer zitrone, pfeffer, chiliflocken (ersatzweise sambal oelek)

saurer alt-wiener backkarpfen

„einmagariert" – so bereitete man auch die weißfische im marchfeld zu.
(dieses rezept hat mir der heute weltbekannte konditormeister karl schuh-
macher der kurkonditorei oberlaa 1968 beim heringsschmaus in meinem lehr-
betrieb, dem restaurant lugeck, beigebracht.)

die feinnudelig geschnittene zwiebel im öl anrösten, mit essig ablöschen, wasser und gewürze beifügen, aufkochen lassen. karpfenfilet in 2 cm breite stücke
schneiden. salzen, in mehl, ei und semmelbröseln panieren. in einer pfanne
mit 2 cm hoch öl knusprig backen, danach mit der heißen marinade bedecken
und darin erkalten lassen. sehr gut passt dazu erdäpfel-vogelsalat.
variante: auch übrig gebliebene gebackene fisch- oder geflügelstücke sowie
ausgelöste backwachteln kann man mit dieser marinade warm übergießen
und durchziehen lassen.
tipp: anstelle von essig und gewürzen kann man auch die marinade von
delikatessgurkerln aus dem glas verwenden.

> 500 g karpfenfilet
> mehl, ei, semmelbrösel zum panieren
> 1 große gemüsezwiebel
> 1/8 l hesperidenessig
> 1/4 l wasser
> 0,3 l öl
> 1 lorbeerblatt, 1 tl senfkörner, 6 zerdrückte schwarze pfefferkörner
> 3 pimentkörner, zucker

gefüllte „fischpackerl"

karotte schälen und mit dem sparschäler in feine streifen schneiden. gemeinsam mit den bohnen in kochendem salzwasser kurz blanchieren. reisblätter
befeuchten, zur hälfte mit den fischfilets (falls sie zu groß sind, entsprechend
zerteilen) und dem gemüse belegen, mit salz, etwas bohnenkraut und thymian
würzen. straff einrollen. in rapsöl langsam auf allen seiten braten.
sehr gut passen dazu erdäpfelchips und cremige bohnensauce (siehe seite 39).

> 8 (ca. 400 bis 500 g) rotzungen- oder schollenfilets
> 4 reisblätter (ersatzweise strudelblätter)
> 1 karotte
> 100 g dünne grüne bohnen (fisolen oder keniabohnen)
> salz, bohnenkraut, thymian
> 3 el rapsöl

frischer gebratener hering auf apfelkraut

fein geschnittene zwiebel in 40 g butter anrösten, sauerkraut dazu, 2 entkernte, blättrig geschnittene (aber nicht geschälte) äpfel dazu, mit winzersekt und etwas wasser aufgießen, mit wacholderkörnern und etwas salz würzen, kraut bissfest kochen.

heringe in mehl wälzen, in 40 g butter und dem olivenöl knusprig braten. gegen ende den entkernten apfel (mit dem apfelausstecher) in 1 cm dicke scheiben schneiden und mitbraten.

kraut in die mitte der teller legen, apfelscheiben auf das kraut, darauf den gebratenen hering.

> 4 (ca. 500 g) frische heringe
> etwas mehl
> 80 g butter
> 3 el olivenöl
> 3 äpfel
> 200 g mildes sauerkraut
> 1 kleine zwiebel
> 1/16 l winzersekt
> 4 wacholderkörner, salz, pfeffer

gegrillter wildkarpfen

öl in einer pfanne erhitzen. die wildkarpfenfilets auf der hautseite in polentagrieß tauchen, einlegen und knusprig braten. sie sind dann fertig, wenn die oberseite noch glasig und an der dicksten stelle rötlich ist. für eine halbe minute wenden, dann sofort mit der knusprigen hautseite nach oben auf einen passenden „untergrund" legen. mit etwas grobem salz und einigen tropfen zitrone würzen.

tipp: sehr gut eignen sich als „untergrund" gebratene erdäpfelscheiben (siehe seite 39) und in etwas olivenöl gebratene zucchinistreifen oder saure rüben (siehe seite 41).

besonders schön sieht dieses fischgericht aus, wenn man rund um den fisch mit öl aus der gartenrauke (siehe seite 49) oder mit kürbiskernöl eine „gschmackige" spur zieht.

> 4 (à 150 g) wildkarpfenfilets
> etwas polentagrieß
> 2 el rapsöl
> grobes salz, zitrone

gebratener wildkarpfen mit krebsensauce

schwänze der flusskrebse auslösen, scheren ab- und ausbrechen. beides zur seite legen, den rest zerkleinern. gemüse waschen, wo nötig, schälen, in der küchenmaschine wie faschiertes zerkleinern. geschnittene zwiebel, dillstiele, blüten oder im winter samen in der butter anrösten. gemüse und krebsschalen mitrösten, mit paradeismark „tomatisieren" und gut durchrösten. mit weinbrand und noilly prat ablöschen, mit weißwein und wasser aufgießen, würzen, eine halbe stunde verkochen lassen. danach durch ein feines sieb seihen, noch einmal aufkochen lassen. obers dazu, stärke mit etwas kaltem wasser verrühren und die krebsensauce damit binden, nur einmal kurz aufkochen. scheren und schwänze einlegen und garziehen lassen.

wildkarpfenfilets mit thymian marinieren und auf der hautseite in den polentagrieß tauchen, im öl knusprig braten, dabei nur ca. 30 sekunden auf der fleischseite. danach mit der hautseite nach oben auf der krebsensauce anrichten. mit lauwarmen krebsenschwänzen und -scheren dekorieren, den fisch mit zwei hauchdünnen limettenscheiben und einigen körnern grobem salz vollenden.

1000 g flusskrebse (ersatzweise garnelen oder scampi im ganzen)
600 g wildkarpfenfilet oder wallerfilet
60 g butter
1 zwiebel
1 stange sellerie
2 karotten
2 gelbe rüben
1 hand voll dillstiele oder 10 g dillsamen gestoßen
1 el paradeismark
4 cl weinbrand
ein schuss (1/16 l) noilly prat (ersatzweise ein anderer weißer wermut)
1/4 l trockener weißwein
1/4 l wasser
1/16 l obers
1 el stärke
etwas polentagrieß
3 el rapsöl
salz, pfeffer, 1 zweig thymian
grobes salz, limette (oder zitrone)

in kräuterpanier gebackene wallerstreifen auf salat

reichlich kräuter klein schneiden und unter die panierbrösel mischen. senf nach persönlichem geschmack mit mayonnaise und sauerrahm vermischen, eventuell etwas salzen. gurke schälen und (am besten mit der schneidemaschine) der länge nach in dünne scheiben schneiden. salate waschen und trockenschleudern, jeweils eine gurkenscheibe zu einem ring formen und in diesem ring auf einem großen teller den salat anrichten. zwei löffel grobe senfmayonnaise links und rechts davon platzieren.

waller in 2 cm breite streifen schneiden, salzen, panieren. in einer pfanne mit 2 cm hoch öl knusprig backen. aus öl, essig, salz und pfeffer eine marinade rühren und über den salat gießen. gebackene wallerstücke rund um den salatring legen.

> 400 g wallerfilet (ersatzweise meeresfische wie seeteufel, seezunge oder lachsfilet)
> mehl, ei, brösel zum panieren
> öl zum backen
> bunte blattsalate der saison
> 1 salatgurke
> 4 el olivenöl
> 3 el apfel-balsam-essig
> grober senf (aus ganzen, angekeimten körnern)
> mayonnaise
> sauerrahm
> salz, pfeffer, frische kräuter wie rosmarin, thymian, liebstöckel
> bohnenkraut

wallergröstl mit topinambur und winterharten kräutern

waller in grobe stücke schneiden, mit salz und estragon marinieren. gemüse waschen, karotte, rübe und topinambur schälen. gemüse in dünne scheiben schneiden, alles (bis auf den lauch) zusammen nach und nach anrösten und gewürze beifügen. wallerstücke und lauch einige minuten mitrösten. am teller mittig anrichten, mit zitrone, erdäpfelchips (siehe seite 39) und einem thymianzweig garnieren.

mit frischem, knusprigem weißbrot oder mit nudeln als untergrund servieren.

(siehe seite 39)

500 g wallerfilet
1 karotte
1 gelbe rübe
1 stange sellerie
1 kleine stange lauch
200 g topinambur
60 g butter
salz, estragon, 1 thymianzweig, 1 rosmarinzweig

zanderfilet in madeira

zwiebel in der hälfte der butter anrösten, fischfilets kurz anbraten, mit madeira und obers aufgießen, pfefferkörner dazugeben, garen. fisch herausnehmen und im rohr bei ca. 70 grad warm stellen. sauce um mindestens die hälfte reduzieren lassen, shrimps einlegen, nur einmal aufkochen lassen und butter einrühren („montieren"). wer die sauce lieber dicker hat, kann sie noch mit einem in etwas obers und madeira verrührten teelöffel stärke binden.

mit kleinen, in butter gebratenen erdäpfeln oder breiten nudeln anrichten.

4 (600 g) zanderfilets
100 g shrimps
60 g butter
1 zwiebel
1/8 l obers
1/8 l madeira oder forticus
salz, 16 rosa pfefferkörner

hechtauflauf mit sauerampfer

milch mit butter, salz und pfeffer erhitzen, danach wie bei einem brandteig das mehl unterrühren. überkühlen lassen, die dotter dazugeben. hechtfilet in würfel schneiden und in einem cutter faschieren, nach und nach einmengen. kerbel und schnittlauch fein schneiden, ebenfalls dazugeben, mit salz, dem obers und den ungeschlagenen eiklar sowie einem spritzer wermut abrunden. in einer gebutterten form im rohr bei 150 grad im wasserbad 30 minuten pochieren.

für die sauce sauerampfer fein hacken, in etwas butter anschwitzen, mit obers auffüllen, mit salz und pfeffer würzen. um die hälfte einkochen lassen und die restliche butter einrühren („montieren").

    1/8 l milch
    50 g butter
    75 g glattes mehl
    3 dotter
    400 g hechtfilet
    1/16 l obers
    3 eiklar
    ein spritzer wermut
    kerbel, schnittlauch, pfeffer, salz
    300 g sauerampfer
    50 g butter
    1/4 l obers
    salz, pfeffer

lachsforelle in gurkensauce

essig und weißwein mit der fein geschnittenen zwiebel aufkochen. mit dille, senfkörnern, zucker, salz und pfeffer würzen. die salatgurke schälen, entkernen und in würfel schneiden. gurken und fischfilets dem fond beigeben, kurz gar-ziehen lassen, herausnehmen und warm stellen. den fond auf ein drittel einre-duzieren lassen, obers dazu, noch einmal etwas reduzieren, gewürfelte butter einrühren („montieren") und mit dem stabmixer pürieren. die forellen mit den gurken anrichten und mit der sauce übergießen. mit frischer dille bestreuen.

gut passen dazu kleine, fest kochende erdäpfel, die in der schale weich gedämpft und danach in butter gebraten werden. nudelliebhaber wählen voll-korn- oder breite grüne bandnudeln.

4 (à 150 g) lachsforellenfilets
100 g butter
1/4 l weißwein
1 el weißweinessig
1/2 zwiebel
25 senfkörner
1 kleiner bund dille
1 große salatgurke (am besten eignen sich die althergebrachten freilandgurken)
2 el obers
1 prise zucker
salz, weißer pfeffer aus der mühle

scholle, der steinbutt der „armen leut"

schollenfilets auf der hautseite in polentagrieß tauchen und in 4 el rapsöl auf dieser seite knusprig braten (nicht wenden), fisch im rohr bei 70 grad warm stellen. die größere zwiebel fein schneiden und im bratenrückstand braun rösten, knoblauch zerdrückt mitrösten. mit dem zweigelt ablöschen, mit einem 1/4 l gemüsefond auffüllen. erdäpfel in ganz kleine würfel schneiden, zur sauce geben und gemeinsam mit dem zweig rosmarin einreduzieren (dadurch erhält die sauce eine herrlich glänzende bindung). zum schluss einige kapern darüber streuen.

übrige zwiebel mit der schneidemaschine oder mit einem sehr scharfen messer in feine scheiben schneiden, in dinkelmehl tauchen und in ganz wenig rapsöl in einer teflonpfanne beidseitig knusprig braten.

die scholle, mit der knusprigen polentaseite nach oben, auf der braunen zwiebelsauce anrichten. mit der knusprigen zwiebel und hauchdünnen zitronenscheiben garnieren, nach geschmack noch etwas grobes meersalz darüber streuen (achtung: auch die kapern sind salzig!).

4 (ca. 500 g) schollenfilets
5 el rapsöl
polentagrieß
2 zwiebeln
200 g mehlige erdäpfel
2 zehen knoblauch
1/4 l zweigelt
1/4 l gemüsefond (siehe seite 35)
etwas dinkelmehl
1 zweig rosmarin, einige kapern, zitrone, grobes meersalz

gravad lax – marinierter lachs, die basis

lachsfilet auf der fleischseite mit salz und zucker einreiben, beschwert zumindest einen tag lang im kühlschrank reifen lassen.

das rezept lässt sich je nach persönlichem geschmack um diverse kräuter und andere beigaben erweitern. gut zum beizen eignen sich unter anderem senf-, pfeffer- oder korianderkörner (grob gestoßen oder im ganzen), wacholderbeeren (zerstoßen), dillkraut und dillsamen, in feine streifen geschnittene stücke vom ingwer-, von orangen- oder zitronenschale (ohne weiße haut, sonst wird alles bitter).

   1 lachsfilet
   70 g salz
   70 g zucker

graved lachs mit cognac

dille fein hacken. lachsfilet mit allen gewürzen auf der fleischseite einreiben. cognac darüber träufeln, 1 1/2 bis 2 tage im kühlschrank beschwert stehen lassen.

dazu kann man folgende sauce servieren: je nach persönlichem geschmack mehr oder weniger dijonsenf, gehackte dille, obers, salz, pfeffer, zucker oder honig, olivenöl und zitronensaft mit dem mixstab emulgieren (= verbinden).

   1 lachsfilet
   40 g zucker
   60 g salz
   1 bund dillkraut
   grob geschroteter pfeffer
   1/16 l cognac

alles, was
flügel hat

geflügel

als kinder am bauernhof empfanden wir hühner grundsätzlich als blöd, wie die einen anschauen, mit nur einem zugewandten auge. einige kukuruzkörner, ein mehlsieb mit einem steckerl an einer schnur: versteckt lagen wir in der futterkammer auf der lauer, um sie zu fangen und zu unterwerfen. denn immer, wenn man ein hendl von oben nimmt, um es aufzuheben, duckt es sich. dann kann man es streicheln, es wird ganz ruhig, man kann das gefieder fühlen. lässt man es wieder laufen, flattert und gackert es wie wild, wie schon gesagt: zu blöd zum richtigen spielen.

die schauergeschichten von der großmutter meines freundes waren in der zeit, in der wir tom sawyer und huckleberry finn lasen, noch das beste. „wenn ich meinem sonntagsbraten den kopf abhacke, läuft er noch bis zur futterschüssel quer durch den ganzen hof", sprach oma ohne nostalgie und ging in den schuppen ...

bei tauben bewahrheitete sich, dass männer im weinviertel eher zum jäger als zum sammler taugten ... aber das ist eine andere geschichte.

später, bei jobs in deutschland, sah ich, was es damals in österreich noch nicht gab: hendlfleisch auf billig. und ich vergaß es schnell wieder. meine absolute bewunderung für qualitätsgeflügel begann in frankreichs bresse, einer landschaft oberhalb des beaujolais ... prächtige hühner, enten, gansln, tauben und wachteln inmitten grüner wiesen. davon träume ich noch heute: mit meersalz, rosmarin und etwas olivenöl schlicht am spieß gegrillt, innen saftig rosa, nicht grau und saftlos, wie auf feuerwehrfesten oft zelebriert.

großtrappen aus dem marchfeld, schreivögel (perlhühner) aus afrika – im barock ließ man selbst dem pfau keine chance, trotz schönsten gefieders oder gerade deshalb. nur in der bratpfanne bekam er die vollste bewunderung. das perlhuhn wird bis heute als delikatesse mit dunklerem fleisch genossen, alle hühnerrezepte sind auch mit dem perlhendl möglich. heinrich der vierte wollte aus sozialen gründen für jeden franzosen am sonntag ein huhn. heute würde eines pro monat und familie reichen, aber das in ansprechender qualität, für mensch und tier artgerecht. fleischessen sollte ein bewusstes fest sein und nicht ein „hineinmantschen", ohne zu denken ...

klarer hühnerfond

huhn waschen, zerteilen und in einem topf mit so viel wasser auffüllen, dass es gut bedeckt ist. gemüse waschen. zeller, karotten und rüben schälen und sowohl die geschälten wurzelgemüse als auch die schalen dazugeben. lauch in einige teile teilen und gemeinsam mit der petersilienwurzel ebenfalls dazugeben. zwiebel halbieren und auf der herdplatte oder in einer pfanne ohne öl mit den schneidflächen nach unten ein, zwei minuten anrösten (dadurch verliert sie ihre bitterstoffe), ebenfalls zum fond geben. mit salz, pfefferkörnern und neugewürz würzen, aufkochen. wenn zeller, karotten und rüben weich (aber noch bissfest) sind, legt man sie als einlage oder als gemüsebeilage zur seite. insgesamt rund 1 1/2 stunden köcheln lassen. suppe durch ein haarsieb oder etamintuch seihen, einige stunden durchkühlen lassen. danach hat sich das fett an der oberfläche hart abgesetzt. es wird mit einem großen löffel vom klaren, fettfreien fond getrennt („degrassieren").

tipp: dieses fett wegwerfen oder als basis für eine hühner-roux verwenden. dazu kocht man zuerst das wasser aus – das ist gelungen, wenn das fett nicht mehr blasig aufschäumt. anschließend wird glattes mehl eingerührt und etwas angeschwitzt. die roux hält im kühlschrank ein, zwei wochen und kann verwendet werden, um saucen zu binden. der fettfreie, meist im kalten zustand etwas geleeartige fond wird entweder als basis für andere gerichte verwendet oder mit entsprechenden einlagen zur feinen hühnersuppe. dafür lässt sich das mitgekochte, in scheiben geschnittene wurzelgemüse verwenden, auch kurz aufgekochte hühnerstreifen und natürlich die guten alten suppennudeln (wahre nostalgie kommt bei der „buchstaben"- oder „sterndl"-teigware auf ...) eignen sich.

eine besondere einlage sind hühner-brandteigkrapferln, die aus dem abgeschöpften hühnerfett erzeugt werden können: dafür bringt man das fett zum kochen, kocht das wasser aber nicht aus, sondern rührt sofort so viel glattes mehl ein, dass eine feste masse entsteht, die sich vom topfrand löst. vom herd nehmen, kurz überkühlen lassen, ein verschlagenes ei, salz, frisch geriebene muskatnuss dazugeben, kräftig durchrühren. dann mit einem spritzsack auf ein blech mit backpapier kleine krapferln aufspritzen („dressieren") und im vorgeheizten rohr bei 220 grad rasch goldgelb backen. dabei die hitze nach ca. 6 minuten immer wieder reduzieren und mit 130 grad ausbacken („abfallend" backen). die krapferln sollen innen trocken werden.

1 (ca. 1500 bis 2000 g) suppenhuhn (oder diverse hühnerteile)
1/2 zeller
1 petersilienwurzel; wenn vorhanden, petersilienstiele
2 karotten, 2 gelbe rüben, 1 stange lauch, 1 zwiebel
salz, 20 pfefferkörner, 3 neugewürzkörner

kräftige entensuppe

entenhaxen entbeinen: dazu legt man sie mit der dicken fleischseite nach unten auf ein brett, fährt dann mit einem scharfen tranchiermesser den knochen entlang und arbeitet sich anschließend rund um den knochen.
karotte, rübe und zeller gut waschen und schälen. schalen und knochen in 1 l wasser zustellen. wenn es aufkocht, die wurzelgemüse beifügen und mitkochen, bis sie gar, aber noch bissfest sind. gemüse als einlage zur seite geben, entenfond abseihen. ausgelöste entenhaxen in würfel schneiden. fein geschnittene zwiebeln in butter anrösten, entenwürfel dazugeben, mit zerdrücktem knoblauch, paprika und cayennepfeffer würzen. das mehl einrühren („stauben"), mit dem entenfond aufgießen, verkochen lassen, bis die entenwürfel weich sind. karotte und rübe in scheiben, zeller in würfel schneiden und mit frischem majoran anrichten.

> 1000 g entenhaxen
> 2 zwiebeln
> 2 zehen knoblauch
> 30 g butter
> 1 el griffiges mehl
> 1 karotte
> 1 gelbe rübe
> 1 kleiner zeller
> majoran
> paprikapulver, cayennepfeffer, kümmel, salz

klare wachtelsuppe

von den wachteln haxerln abtrennen und brüste auslösen. den rest ohne viel aufwand zerkleinern. schalotten fein schneiden und in 30 g butter anschwitzen, wachtelteile und wachtelhaxerln mitrösten (nur die brüste nicht). mit cognac ablöschen, die flüssigkeit etwas einreduzieren, mit dem fond aufgießen und mit pfefferkörnern würzen. die wachtelhaxerln nach einer viertelstunde herausfischen, den rest rund eine stunde kochen lassen. danach durch ein etamintuch seihen (ersatzweise durch ein wirklich feines haarsieb oder einen kaffeefilter – doch das ist mühsam). in der restlichen butter die leicht gesalzenen wachtelbrüstchen auf beiden seiten anbraten. brüstchen und haxerln in die aufgekochte wachtelsuppe legen. nach dem anrichten die suppe mit frisch geriebener muskatnuss bestreuen.
wer auf mehr einlage besteht, sollte es mit möglichst dünnen suppennudeln versuchen.

>   8 wachteln
>   1 l hühnerfond (siehe seite 93, ersatzweise 1 l wasser mit
>   2 el gemüsewürze aufgekocht)
>   50 g butter
>   4 schalotten
>   4 cl cognac
>   salz, 10 pfefferkörner, muskatnuss

entenleberkuchen

entenleber zurichten (sehnen entfernen), im cutter oder im bechermixer pürieren. wer sie ganz fein haben will, streicht sie anschließend noch durch ein sieb. mit frisch geriebener muskatnuss und salz würzen, gemeinsam mit dem obers noch einmal aufrühren, in mit butter ausgeschmierte tassen füllen und im rohr im wasserbad bei ca. 85 grad zugedeckt pochieren.
tipp: eine große, viereckige pfanne, die einen deckel hat, einige cm hoch mit wasser füllen, die förmchen hineinstellen und zudecken. ersatzweise kann man auch ein tiefes backblech verwenden und die förmchen mit einer lage alufolie bedecken – ökologisch ist allerdings die erste variante die bessere.

>   300 g entenleber
>   2 eier
>   2 dotter
>   1/4 l obers
>   etwas butter
>   muskatnuss und salz

ausgelöste, gebratene entenhaxerln auf chinakohlsalat mit orange

entenhaxerln entbeinen. dazu verwendet man ein scharfes ausbeinmesser, legt das haxerl mit der fleischigeren hautseite nach unten auf ein brett und schneidet zuerst bis zum knochen und den knochen entlang ein, dann von den seiten her um den knochen herum auf das gelenk zu. zum schluss wird das gelenk ausgelöst.

die gehackten knochen in 1 el rapsöl scharf und dunkel anrösten, geschnittene schalotten und die in stücke geschnittene karotte oder reste von wurzelgemüsen dazugeben und mitrösten. mit dem weißwein aufgießen, mit majoran und thymian würzen und den fond lebhaft vor sich hin kochen lassen.

vom chinakohl werden die harten strünke entfernt und extra in dünne, lange streifen geschnitten („julienne"). den rest der blätter schneidet man feinnudelig. die orange wird filetiert. dazu setzt man sie auf ein brett und schneidet mit einem scharfen, kleinen messer an der spitze beginnend schale und weiße innenhaut ab. wer ganz exakt vorgehen will, entfernt jetzt von jeder spalte die haut. ist diese nicht allzu grob, kann man die orange auch einfach gegen die spaltenrichtung in scheiben schneiden und diese vierteln. der saft wird aufgefangen und mit dem olivenöl vermischt.

entenhaxerln mit salz und pfeffer würzen, mit der hautseite nach unten in einer schweren pfanne mit dem restlichen el rapsöl gut ausbraten lassen. nur ganz kurz wenden. entenhaxlfond nach frühestens einer halben stunde abseihen, etwas überkühlen lassen und dem öl mit orangensaft beifügen. marinade mit salz und etwas balsamico-essig abschmecken, orangenfilets einlegen.

auf großen teller in der mitte zuerst den feinen, darauf den knackigen chinakohlsalat anrichten und mit der marinade übergießen. entenhaxerl heiß in möglichst dünne scheiben schneiden und als engen fächer auf den salat legen. den tellerrand mit pfeffer bestreuen.

> 4 entenhaxerln
> 2 el rapsöl (oder ein anderes öl mit hohem siedepunkt)
> 3 schalotten (ersatzweise 1 kleine zwiebel)
> 1 karotte (oder reste von wurzelgemüsen wie karotte, zeller,
> gelbe rüben, aber auch petersilienstiele etc.)
> 1/4 l weißwein
> 200 g chinakohl
> 1 große orange
> 4 cl olivenöl
> etwas balsamico-essig
> 1 zweig majoran, 1 zweig thymian, salz, pfeffer

ganslgröstl

überbleibsel von der gans in stücke teilen: die saftigen brust- und haxlstücke bleiben möglichst groß, die trockeneren teile oder jene mit haut werden feinnudelig geschnitten. wenn frisches gänsefleisch verwendet wird, dann teilt man das fleisch in stücke (auch wieder je nach konsistenz; stücke mit sehnen und besonders festem fleisch werden viel kleiner geschnitten als zarte fleischstücke). diese in 1 el öl rundum knusprig anbraten, mit salz, pfeffer und lorbeerblattstreifen würzen, mit etwas wasser aufgießen und zugedeckt weich dünsten.

erdäpfel kochen und schälen. weißkraut feinnudelig schneiden, karotte schälen und in feine scheiben schneiden. in einer schweren pfanne die fein geschnittene zwiebel in der hälfte des schmalzes anrösten, kraut, karotte und ganslfleisch dazugeben, mit salz, pfeffer und kümmel würzen. knusprig dunkel braten.

parallel dazu erdäpfel in scheiben schneiden und im restlichen schmalz mit salz knusprig braten (die erdäpfel werden deswegen nicht gemeinsam mit dem gansl geröstet, weil nur so sicher ist, dass beides knusprig und trotzdem nicht bereits zu nichts zerfallen ist). alles in einer pfanne vereinigen, kurz gemeinsam durchrösten, abschmecken und servieren.

tipp: probieren sie dieses gröstl statt mit erdäpfeln auch einmal mit erdäpfelnudeln. eilige können die schnellen aus dem tiefkühlregal verwenden, dort findet man wahlweise auch frische erdäpfelgnocchi!

> 400 g „überbleibsel" von einer gebratenen gans
> oder 500 g gänsefleisch und 1 el öl
> 200 g weißkraut
> 2 karotten
> 1 zwiebel
> 4 el ganslschmalz (ersatzweise butterschmalz oder öl)
> 500 g fest kochende erdäpfel
> salz, frisches lorbeerblatt, pfeffer, kümmel im ganzen

enten-krautfleckerln

kraut und zwiebel in 1 cm große würfel schneiden. karotte und zeller schälen und in feine streifchen schneiden („julienne"). die entenbrüste im entenfett (ersatzweise öl) auf der hautseite gut ausbraten, wenden, kurz fertig braten (das fleisch sollte sich noch elastisch anfühlen, dann ist es innen rosa) und bei ca. 70 grad im rohr warm stellen. in der pfanne mit bratenrückstand zuerst die zwiebel rösten, dann kraut, etwas später karotte und zeller mitrösten, mit grob gestoßenem schwarzem pfeffer, ein wenig salz und frischem, gehacktem majoran würzen. teigfleckerln in salzwasser bissfest kochen. entenbrust in feine streifen schneiden. gemüse, fleckerln und entenbruststreifen kurz gemeinsam braten und anrichten.

400 g entenbrust
300 g weißkraut
1 große zwiebel
200 g teigfleckerln (es können auch große lasagnestücke sein)
30 g entenfett (ersatzweise 3 el öl)
1 große karotte
1/4 zeller
salz, pfeffer aus der mühle, 2 zweige frischer majoran

backwachtel mit brioche-trüffel-füllung

brioche-weckerl zerzupfen. in der butter fein geschnittene schalotten anrösten, mit einem spritzer sherry ablöschen. vom herd nehmen, mit brioche-flocken, dem ei und den bröseln vermengen, mit salz, pfeffer und trüffelöl würzen. die masse anziehen lassen.

wachteln entlang dem rückgrat teilen (genau so wie bei einem hendl) und dann (abgesehen vom schenkelknochen) entbeinen. sind die wachteln entbeint, dann legt man sie mit der hautseite nach unten auf ein brett, gibt in die mitte jeder wachtelhälfte ein bisschen von der brioche-fülle und klappt die wachtel so fest zusammen, dass ein nahezu rundes gebilde entsteht, aus dem nur mehr das unterhaxerl samt knochen ragt.

wachteleier in salzwasser 3 minuten wachsweich kochen und mit kaltem wasser abschrecken.

salat waschen, trockenschleudern und in der mitte großer teller gupfartig anrichten. rundum die geschälten und halbierten wachteleier legen. aus walnussöl, balsamico, salz und pfeffer eine marinade rühren. wachteln panieren und in einer pfanne mit 3 cm hoch butterschmalz knusprig braten. salat marinieren, mit einigen tropfen trüffelöl parfümieren und jeweils zwei wachtelstücke auf den salat legen.

> 4 wachteln (hören sie sich um, inzwischen gibt es auch bei uns leute, die diese kleinen, wohlschmeckenden vögel züchten. einer davon ist ganz in unserer wirtshaus-nähe zuhause, nämlich in pillichsdorf.)
> 150 g brioche-weckerl oder -brot vom bäcker
> ein spritzer sherry
> 2 schalotten
> 40 g butter
> 1 kleines ei (wer raffiniert sein will, nimmt vier wachteleier, aber für den geschmack ist es egal)
> 2 el brösel
> 8 wachteleier
> trüffelöl
> mehl, ei, brösel zum panieren (gut ist es, den üblichen bröseln zur hälfte brioche-brösel zuzusetzen, die bekommt man, indem man schon trockenes oder langsam im ofen oder am herd getrocknetes brioche-brot reibt)
> butterschmalz (ersatzweise öl) zum backen
> 150 g eichblattsalat
> 4 cl walnussöl
> 2 cl balsamico-essig
> salz, pfeffer

backhendl auf endivien-erdäpfelsalat

aus apfelessig, balsamico-essig, kürbiskernöl (wer dieses dunkelgrüne öl nicht liebt, ersetzt es durch sonnenblumenöl), salz und pfeffer eine marinade rühren. erdäpfel kochen, schälen, noch warm in scheiben schneiden und sofort mit der marinade vermischen. endiviensalat nudelig schneiden und unter die lauwarmen erdäpfel mischen.

hühnerhaxerln in mehl, ei und bröseln panieren, in 2 cm hohem öl knusprig backen. salat anrichten, hühnerhaxerln in streifen schneiden und darauf anrichten. mit kürbiskernen bestreuen.

2 ausgelöste, eventuell enthäutete hühnerhaxerln (mir schmecken sie mit haut besser, da unter der haut etwas fett sitzt, das bekanntlich ein natürlicher geschmacksverstärker ist. haxerln sind übrigens saftiger als das brustfleisch.)
mehl, ei, brösel zum panieren
öl zum herausbacken
100 g endiviensalat
200 g fest kochende erdäpfel, am besten „kipfler" aus naglern
4 el kürbiskernöl
2 el apfelessig
2 el balsamico-essig
4 el erdnussöl
geröstete kürbiskerne (siehe seite 21)
salz, pfeffer aus der mühle

hühnerbrust in obers mit kapern

die hühnerbrüste der länge nach in insgesamt 12 streifen teilen (3 pro person). aus 40 g butter und dem mehl eine weiße „roux" bereiten: dazu erhitzt man die butter, rührt das mehl ein und röstet es kurz, sodass es noch keine farbe nimmt. die roux zur seite stellen. fein geschnittene schalotten in 40 g butter anrösten, hühnerbruststreifen dazugeben, auf beiden seiten rasch anbraten. mit weißwein ablöschen, zugedeckt ca. 3 minuten bei niedriger hitze dünsten, aus der pfanne nehmen und warm stellen. danach kapern und kapernbeeren dazugeben, mit obers auffüllen und zum binden die roux einrühren, etwas salzen (aber vorsicht: auch die kapern sind salzig!). kurz verkochen lassen, henderl beifügen.

mit der sauce nappiert (überzogen) anrichten und mit etwas frischer muskatnuss überraspeln.

man kann dieses gericht mit frischem weißbrot servieren, aber auch gebratene erdäpfelscheiben (siehe seite 39) machen sich gut dazu. legen sie in diesem fall jeweils eine große scheibe unter die hühnerbruststreifen. oder man fügt der sauce fertige, frische gnocchi bei und lässt sie darin warm werden. gießt man die kapernsauce gleich samt gnocchi über die hühnerbrust, so verteilen sie sich ganz von selbst dekorativ auf dem teller.

> 2 ganze hühnerbrüste (ca. 600 g)
> 4 schalotten
> 80 g butter
> ca. 20 kapern
> 12 kapernbeeren
> 2 el glattes mehl
> 1/8 l trockener weißwein
> 1/4 l obers
> salz, muskatnuss

gefüllter truthahn mit getrüffeltem gemüse

dieses rezept ist eine wunderbare alternative für alle, die sich vor einem ausgewachsenen und gefüllten truthahn schrecken – es lässt sich exakt nach personenanzahl zubereiten und bedarf auch keiner stunden, die man vor dem rohr verbringt, um den großen vogel durch begießen saftig zu halten.

truthahnbrust zerteilen: aus den schönsten teilen werden vier schnitzel geschnitten und geklopft, die anderen teile werden in 2 cm große würfel geschnitten. für die fülle die alten semmeln in dünne scheiben schneiden und mit dem fond befeuchten. karotte schälen und ebenso wie die stangensellerie in feine scheiben schneiden. fein geschnittene zwiebel in 2/3 der butter anrösten, karotten und sellerie mitrösten. vom feuer nehmen, etwas überkühlen lassen. befeuchtete semmelwürfel dazugeben, versprudelte eier dazumischen, entkernten und blättrig geschnittenen apfel dazu, mit gehacktem salbei, pfeffer und salz abschmecken.

4 große kaffeetassen oder formen mit ganslschmalz oder butter ausschmieren, mit truthahnschnitzel auslegen, mit der weißbrotfülle füllen, danach mit truthahnschnitzel zudecken. im rohr bei 160 grad ca. 35 minuten backen. danach die truthahn-„bomben" stürzen und im rohr warm stellen. saft aus den formen mit weißwein aufkochen, mit in etwas kaltem wasser verrührter stärke binden. in der sauce die rohen truthahnwürfel garziehen lassen. brokkoli in kleine röschen teilen, in der restlichen butter ansautieren, sauce beifügen, mit salz, pfeffer und etwas trüffelöl vollenden.

die sympathische „bombe" in die mitte des tellers legen, mit der sauce übergießen. den tellerrand mit pfeffer aus der mühle und einem hauch frisch geriebener muskatnuss bestreuen.

    500 g truthahnbrust
    150 g stangensellerie, 1 karotte, 1 zwiebel, 1 apfel
    60 g butter
    3 semmeln von gestern (oder eine entsprechende menge semmelwürferl, knödelbrot)
    2 eier
    etwas geflügel- oder gemüsefond (ersatzweise 1/4 l wasser mit 1 tl gemüsewürze aufkochen)
    ganslschmalz, ersatzweise butter für die formen
    1/4 l grüner veltliner
    1 el stärke
    200 g brokkoli
    50 g butter
    etwas trüffelöl
    salz, pfeffer, 4 blätter frischer salbei, muskatnuss

gepökelte entenbrust auf mildem sauerkraut

entenbrüste einen tag vorher auf der hautseite der länge und der breite nach einschneiden (schröpfen). mit dem pökelsalz, zerbrochenem lorbeer, rosmarin und pfeffer bestreuen. mit einem teller beschwert zugedeckt im kühlschrank beizen.

am nächsten tag die entenbrüste auf der hautseite langsam an- und ausbraten, auf der hautlosen seite nur kurz braten, in alufolie wickeln und im backrohr bei 70 grad warm stellen. zwiebel und apfel grob würfeln, im übrig gebliebenen entenfett anschwitzen. geschälte und in scheiben geschnittene erdäpfel, sauerkraut und wacholder beifügen. mit dem weißwein und bei bedarf etwas wasser auffüllen, weich kochen und mit etwas zucker, salz und pfeffer abschmecken. die entenbrüste der länge nach in ca. 3 mm dicke scheiben schneiden (tranchieren) und auf dem sauerkraut anrichten.

eventuell auch serviettenknöderln (siehe seite 52) dazu servieren.

eventuell auch serviettenknöderln (siehe seite 52) dazu servieren.

2 entenbrüste
1 tl pökelsalz
2 lorbeerblätter
1 zweig rosmarin
10 pfefferkörner, grob gestoßen
1 el öl
8 wacholderkörner
500 g mildes sauerkraut
1 zwiebel
1 apfel
4 erdäpfel
1/4 l weißwein
1 prise zucker
salz, pfeffer

gansl, ganz klassisch

das gansl wird außen mit grobem salz eingerieben, innen mit majoran, salz und pfeffer. in den bauch stopft man einen apfel, danach eine gut gewaschene mandarine, danach wieder einen apfel. rohr auf 200 grad vorheizen. in eine geeignete pfanne 1/8 l wasser leeren, darauf das gansl setzen und 20 minuten im rohr scharf anbraten. danach die hitze auf 160 grad reduzieren und das gansl offen je nach größe (pro kilo rechnet man ca. eine schwache stunde) braten. dabei sollte man es immer wieder mit dem entstehenden saft begießen. setzt sich zu viel flüssigkeit ab (der großteil davon ist fett), so entfernt man sie bis auf 2 cm höhe und stellt sie zur seite. die letzte viertelstunde ist die „rapid-viertelstunde" der gans: da brät man sie sehr heiß, damit sie richtig knusprig wird. darauf achten, dass das gansl nicht verglüht – das wäre schade nach so viel mühe.

variante: wenn man das gansl mit meiner stangensellerie-apfel-fülle (wie im truthahnrezept beschrieben, siehe seite 102) zubereitet, dauert es ca. eine halbe stunde länger.

auf traditionelle art wird das gansl bei tisch tranchiert. dazu reicht man zum beispiel warmen rotkrautsalat (siehe seite 51) und erdäpfelnockerln (siehe seite 37) oder serviettenknöderln (siehe seite 52), gebratene apfelscheiben, glasierte maroni, harte bratbirnen, mitgebratene asperl (mispeln) etc. – was übrig bleibt, kann zu ganslgröstl (siehe seite 97) verarbeitet werden.

bei kleineren tischrunden empfiehlt es sich, das gansl von vornherein zu portionieren. dazu lässt man es etwas überkühlen, halbiert es und teilt es danach je nach größe in jeweils drei oder vier teile, macht es unter dem grill oder der oberhitze knusprig und richtet es auf warmem rotkrautsalat an.

> 1 bauerngansl („industrie"-gänse schmecken lange nicht so gut und sind auch nicht so saftig)
> 2 äpfel
> 1 mandarine
> grobes salz, majoran, grob geschroteter pfeffer

vom lamm
bis zum
„stallhasen“

lamm

die „stallhasen" (kaninchen) sicherten nach dem krieg die „wiedergeburt" der nation, ähnlich ging es der goaß (ziege), der so genannten eisenbahnerkuh. schon deshalb muss man diese viecher einfach mögen: generationen von kindern haben mit ihnen gespielt, als es noch fast kein spielzeug gab. diese spielgefährten konnten manchmal bissig und bockig sein. da gab es schon blaue flecken. später beim essen dann tränen ... alles so brutal wie das leben ...
in der heutigen zeit kommen die über 30 jahre fast verschwundenen tiere wieder, die lämmer als lebendige grasmäher, ziegen für milch gegen kuhmilchallergien und „stallhasen", um die straßenbahnerpension etwas aufzufetten. mit rückbesinnung zu gesundem essen meint man heute vielfach gemüse, „gewürzt" mit speziellem, geschmackvollem fleisch – und das haben diese tiere.

„modisch" gebackene kaninchenstreifen auf blattsalat

kaninchenrücken der länge nach halbieren. die streifen leicht salzen, gut mit den beiden senfsorten und dem thymian einreiben. tempurateig nach der anleitung auf der packung zubereiten (man bekommt ihn inzwischen in fast allen supermärkten oder in asia-shops; der teig lässt sich aus glattem mehl, 1 eiklar, salz und der nötigen menge wasser auch selbst herstellen), anstelle von wasser kann man zur hälfte trockenen sherry verwenden, das gibt einen besonders pikanten geschmack.

blattsalate waschen und gut trockenschleudern. aus den gekochten erdäpfeln, fein geschnittenen schalotten, essig, öl, salz und pfeffer eine vinaigrette mixen. kaninchenteile in mehl wenden, danach in tempurateig tauchen und in einer pfanne mit ca. 3 cm hoch öl knusprig backen. auf großen tellern in der mitte den salat anrichten, mit der marinade übergießen, knusprige kaninchenstücke anlegen. bunt wird es, wenn man am tellerrand eine spur mit öl aus der gartenrauke (siehe seite 49) zieht.

die vorväterliche version: nach dem marinieren in mehl wenden und in bierteig tauchen, in tiefem fett herausbacken.

bierteig: palatschinkenteig mit gehackter petersilie und halb bier, halb milch. man kann die eier trennen und die eiklar zu schnee schlagen, das macht den teig luftiger und feiner.

> 400 g ausgelöster kaninchenrücken
> 2 el dijonsenf
> 2 el grober senf (mit angekeimten, ganzen senfkörnern)
> 2 el griffiges mehl
> tempurateig
> öl zum backen
> etwas trockener sherry
> blattsalate der saison
> 100 g gekochte erdäpfel
> 4 cl apfelessig
> 2 schalotten
> 4 cl olivenöl
> 1 tl abgezupfter frischer thymian
> salz, pfeffer

lammleber mit rosmarin gebraten

lammleber in 2 cm dicke schnitzel schneiden. pfeffern und mit rosmarin einreiben. in einer schweren pfanne in 40 g butter rasch auf beiden seiten abbraten (ja nicht zu lange, sonst wird die leber hart!), warm stellen. bratenrückstand mit portwein oder madeira ablöschen, aufkochen lassen, restliche butter einarbeiten ("montieren"), mit salz abschmecken. sauce auf heißen tellern anrichten, leber darauf, mit einigen körnern grobem salz bestreuen.

als beilage eignen sich gebratene erdäpfelscheiben (siehe seite 39) oder polentascheiben.

> 600 g lammleber
> 80 g butter
> 1 tl frisch gehackter rosmarin
> 4 cl forticus weinviertler portwein vom schlossweingut hardegg, portwein oder madeira
> salz, grob gestoßener pfeffer, grobes salz

polentascheiben

dafür kocht man polentagrieß nach anleitung, gibt die masse in eine feuerfeste, mit butter ausgeschmierte form und bäckt sie im rohr bei 180 grad 10 minuten aus. polenta auf ein brett stürzen und in scheiben schneiden. wer es gerne knusprig hat, der brät die scheiben noch extra in etwas butter oder olivenöl ab.

rollotto mit kaninchen und salbei
die weinviertler antwort auf risotto

fond zum kochen bringen und während des ganzen vorgangs leicht vor sich hin köcheln lassen. kaninchenfilet in 4 cm lange und 1 cm breite streifen schneiden und in einem topf mit 40 g butter anbraten, zur seite stellen. im bratenrückstand fein geschnittene zwiebel und 4 salbeiblätter, in feine streifen geschnitten, anrösten, rollgerstl dazufügen und durchrösten. mit weißwein ablöschen, etwas einreduzieren lassen. in der folge immer wieder einen schöpfer kochenden fond beifügen und rühren, wenn die flüssigkeit reduziert ist, wieder aufgießen, bis die rollgerstl weich, aber noch bissfest ist. kaninchenstreifen dazugeben, noch einmal aufkochen. wenn die konsistenz sämig ist (auf keinen fall darf alle flüssigkeit aufgesogen worden sein), vom feuer nehmen. bis auf 10 g die butter, frisch geriebenen bergkäse und gehackte petersilie einrühren. zwei minuten ziehen lassen. währenddessen in der restlichen butter vier schöne salbeiblätter auf beiden seiten knusprig braten. rollotto auf vorgewärmten tellern servieren, mit je einem salbeiblatt garnieren.

300 g kaninchenfilet
200 g rollgerstl
1 zwiebel
1/8 l trockener weißwein
2 l hühner- oder gemüsefond (ersatzweise 2 l wasser mit
4 el gemüsewürze aufkochen lassen)
100 g butter
80 g bergkäse
8 blätter frischer salbei
petersilie
salz, pfeffer

ausgelöstes, gebackenes kitz auf erdäpfelsalat

kitzfleisch in 12 ca. gleich große und dicke stücke schneiden. knoblauch zerdrücken, fleisch mit gehacktem thymian und mildem senf einreiben. ziehen lassen. kitzfleisch panieren und in einer pfanne mit 3 cm hoch öl langsam knusprig backen. auf dem erdäpfelsalat anrichten, mit zitronenscheiben und „persil frites" (gebackene petersilie im küchenlatein) garnieren.

tipp: man kann auf die gleiche weise auch eine etwas ältere, aber immer noch junge ziege zubereiten, die sollte dann aber zuvor in gemüsefond 50 minuten pochiert werden.

600 g kitz ohne knochen (schlegel oder rücken eignen sich besonders)
1 zehe knoblauch
1 el milder senf
1 zweig thymian (kuttelkraut wurde er früher genannt)
mehl, ei, brösel zum panieren
öl zum backen
800 g kipfler (ersatzweise andere kleine, fest kochende erdäpfel)
1 große zwiebel
6 cl hesperidenessig (sind generationen von niederösterreichern
gewöhnt) oder apfelessig
8 cl rapsöl (oder ein anderes neutrales öl)
1 el estragon-senf
1/8 l heiße rind- oder gemüsesuppe (ersatzweise 1/8 l wasser mit
1 tl gemüsewürze aufkochen)
salz
1 el kristallzucker (auch wenn unnötig, aber schon die großmutter
hats der mutter angewöhnt)
1 zitrone
eine hand voll frittierte petersilie (abgezupfte petersilie wird bei 165
grad in öl spritzend kurz und heiß gebacken, abgetupft auf küchenkrepp, danach gesalzen. ist zuhause ohne spritzschutz eine sauerei,
drum: eating out is in ...)

erdäpfelsalat

kipfler (schon selten geworden, im weinviertel gibts noch welche, zum beispiel in naglern bei ernstbrunn) kochen und schälen. aus essig, öl, estragon-senf, zucker, salz und rindsfond eine marinade rühren und mit den noch warm geschnittenen erdäpfeln verbinden. zwiebel nudelig schneiden und darunter mischen.

lammrücken auf herbstsalat mit schwammerln

lammrücken nach jeweils zwei oder drei rippen (je nach dicke und portionsaufteilung) schneiden – so bleibt das fleisch viel saftiger, als wenn man jedes rippchen extra brät –, salzen und pfeffern. in 3 el olivenöl auf beiden seiten gemeinsam mit den vier zweigen rosmarin knusprig anbraten. im rohr bei 70 grad eine halbe stunde lang gar ziehen lassen, rosmarin dazulegen.

eichblattsalat waschen und trockenschleudern. aus balsamico-essig, olivenöl, salz und pfeffer eine marinade rühren. jeden teller in der mitte zuerst mit kürbissalat belegen, darauf eichblattsalat legen. in 3 el olivenöl fein geschnittene schalotten anrösten, herbsttrompeten kurz sautieren und mit salz und kümmel abschmecken. salat marinieren, darauf das lamm anrichten, zum schluss mit den schwammerln bestreuen und dem rosmarinzweig garnieren.

variante: lammrücken nicht braten, sondern backen. dafür schneidet man die stücke ebenso wie beim gebratenen lamm, mariniert sie mit dijonsenf und etwas frischem, gehacktem rosmarin. einige zeit durchziehen lassen, dann erst salzen. in mehl, ei und bröseln panieren und in ca. 3 cm hoch öl knusprig herausbacken.

    600 g lammrücken (im ganzen)
    6 el olivenöl
    eichblattsalat
    kürbissalat (siehe seite 25)
    100 g herbsttrompeten (ersatzweise andere schwammerln)
    2 schalotten
    2 cl balsamico-essig
    4 cl olivenöl
    4 zweige frischer rosmarin
    salz, pfeffer, gemahlener kümmel, grobes salz

weinviertler kaninchen

das kaninchen wird mit den knochen in 12 teile geschnitten. diese in etwas mehl tauchen und in rapsöl in einer schweren pfanne schön braun anbraten, mit mehl stauben. die zwiebeln in grobe würfel schneiden, karotte, rübe und zeller ebenfalls in würfel schneiden. zwiebeln, wurzelgemüse, kapern und gewürze dem fleisch beigeben und weiterrösten. mit veltliner untergießen und mit dem gemüsefond auffüllen. im rohr bei 160 grad weich dünsten. man kann das gericht mit sauerrahm oder obers verfeinern.

dazu serviert man wasserspatzen („nachkriegs-mehlnockerln").

> 1 (ca. 1500 g) hauskaninchen
> 2 große milde marchfelder zwiebeln, 3 zehen weingartenknoblauch
> 1 hand voll gesalzene kapern, 1 tl grüne pfefferkörner
> 1 große karotte, 1 große gelbe rübe, 1/2 zeller
> etwas abgeriebene orangenschale
> 1 tl abgezupfter frischer thymian (kuttelkraut)
> 1/2 l gemüsefond (ersatzweise 1/2 l wasser mit 1 el gemüsewürze aufkochen)
> 1/2 l grüner veltliner
> 2 el mehl
> 4 el rapsöl

wasserspatzen

der mischvorgang soll sehr rasch durchgeführt werden, denn sonst werden die nockerln zäh. in reichlich salzwasser einige minuten kochen, danach in fein geschnittenem schnittlauch mit etwas butter durchschwenken. mit frisch geriebener muskatnuss und pfeffer würzen.

tipp: wenn man einen rohen erdapfel geschrubbt und gewaschen am gemüse-hobel in feine scheiben hobelt, in einer gusseisenpfanne langsam in schmalz oder öl dunkelbraun röstet, danach die nockerln mitröstet und salzt, ergibt das einen wunderbar einfach würzigen geschmack. wasserspatzen lassen sich so zum beispiel mit wachsweichen eiern und salat als kleines mittagessen servieren.

> 500 g griffiges mehl
> ca. 1/4 l wasser (nach bedarf)
> 1 prise salz
> schnittlauch
> butter
> muskatnuss, pfeffer

veltlinerlamm

lammschulter in grobe würfel schneiden. in der hälfte des olivenöls anbräunen, herausnehmen und die grob geschnittenen zwiebeln darin anbräunen.
paradeismark dazugeben, weiterrösten, danach mit dem veltliner ablöschen.
die lammstücke einlegen, mit oregano und zerdrücktem knoblauch bestreuen.
vom herd nehmen und gemeinsam mit dem geschälten, der länge nach in
sechstel geschnittenen erdapfel im backrohr bei 170 grad ca. 1 1/2 stunden
offen braun dünsten. gegen ende der garzeit die geschälten, entkernten und
grob gewürfelten paradeiser (siehe seite 29), die bohnen, rosmarin, 5 scheiben
limette oder zitrone und gehackte petersilie beigeben. mit salz und pfeffer
abschmecken.

variante: anstelle von lamm kann man auch gut kaninchen verwenden.

        400 g lammschulter
        4 el olivenöl
        5 reife fleischparadeiser
        1 großer erdapfel
        2 große zwiebeln
        150 g große weiße bohnen
        1/2 l grüner veltliner
        1 el paradeismark
        8 zehen knoblauch
        1 zweig rosmarin
        1/2 bund petersilie
        salz, pfeffer, oregano
        1 limette oder zitrone

mariniertes kaninchenfilet
mit weinsauce und erdäpfelnockerln

kaninchenfilets der länge nach halbieren, mit salz, senf, 1 tl thymian, majoran, etwas weinraute und grobem pfeffer marinieren. zumindest ein, zwei stunden im kühlschrank durchziehen lassen. in der zwischenzeit erdäpfelnockerln zubereiten.

karotten schälen und in möglichst kleine würfel schneiden. schalotten fein schneiden und in der butter anrösten, karottenwürfel mitrösten, kaninchenfilets dazugeben und auf beiden seiten anbraten. mit wein ablöschen (nur rund 1/16 l aufheben), zugedeckt 10 minuten dünsten. filets herausnehmen und im rohr bei 70 grad warm stellen. sauce offen weiterkochen, bis sie auf die hälfte reduziert ist. mit der im übrigen wein verrührten stärke binden, nur mehr kurz aufkochen lassen, obers dazugeben, abschmecken.

nockerln auf vorgewärmte teller legen, darauf kaninchenfilet, mit der weinsauce übergießen. zum garnieren mit 1 tl frischem thymian bestreuen.

600 g kaninchenfilet

4 schalotten

2 karotten

40 g butter

1/2 l riesling (oder ein anderer trockener, aber nicht zu säurehaltiger weißwein)

erdäpfelnockerln (siehe seite 37, oder für eilige solche aus dem tiefkühlregal)

2 tl abgezupfter frischer thymian

1 tl abgezupfter frischer majoran

1 zweig weinraute

1 el dijonsenf

1 el stärke

1/8 l obers

grob gestoßener pfeffer, salz

gebratene lammrose

lammhüfte, wenn sie noch nicht portioniert ist, in vier teile teilen. mit zerdrücktem knoblauch, 1 el olivenöl, grobem pfeffer und gehacktem rosmarin
marinieren und eine stunde zugedeckt zimmerwarm durchziehen lassen.
tipp: damit fleisch so saftig wie möglich bleibt, wird es beim marinieren nie
gesalzen, denn salz entzieht flüssigkeit.
in einer schweren pfanne olivenöl erhitzen, lammrose langsam auf der hautseite gut knusprig braten, danach umdrehen und ebenfalls bräunen. im rohr
bei 70 grad eine stunde lang gar ziehen lassen. – so bleibt das fleisch innen
rosa und saftig. fleisch in vier scheiben pro portion schneiden und auf passen-
dem untergrund anrichten. dafür eignen sich gebratene erdäpfelscheiben
(siehe seite 39), currylinsen (siehe seite 53) oder jede art von bohnen, die
gemeinsam mit zwiebeln, bohnenkraut, salz, grobem pfeffer, eventuell etwas
gelbwurz (kurkuma) und etwas butter gebraten werden.

600 g lammhüfte (besonders saftig durch die fetteindeckung,
die man ausbrät)
2 zehen knoblauch
4 el olivenöl
1 el gehackter, frischer rosmarin
grob gestoßener pfeffer, salz

gebrannte ziegenmilch

ziegenmilch, zucker und die der länge nach halbierte vanilleschote aufkochen und ca. 4 minuten wallen lassen. obers und eidotter glatt verrühren und in die noch heiße milch – am besten mit einem stabmixer – einrühren. durch ein sieb in auflaufförmchen abseihen und im wasserbad ca. 1 stunde lang bei 85 grad pochieren. im kühlschrank kalt stellen und über nacht fest werden lassen. die eiskalte creme vor dem servieren mit staubzucker bestreuen und im griller oder im backrohr mit oberhitze leicht braun brennen lassen. handwerker verwenden ihre lötlampe (echte küchenfreaks haben es da noch leichter, sie können endlich ihren karamelliseur benutzen!). durch den karamellisierten zucker entsteht eine dünne, knusprige schicht, die das dessert zu einem heiß-kalten gaumenkitzel werden lässt!

> 1/2 l ziegenmilch
> 3 el kristallzucker
> 1 vanilleschote
> 1/8 l obers
> 5 eidotter
> staubzucker

rindviecher

rindviecher

ochsen, stiere, kühe und kälber: letztere hatten es uns als kinder zum „toro"-spielen besonders angetan. sehr früh hatten wir bereits von spanischen torerolegenden gehört, vom goldenen westen und schimmernden picadores. unsere art des stierkampfes endete meist mit blauen flecken und abends noch zusätzlichen watschen von den eltern. es ging nur, wenn alle am feld waren, dann wurde die arena puristisch hergerichtet: alle tore des bauernhofs zusperren, die türe zur nachbarlichen tante mit einem ölfass versperren, um sie nicht als ungebetenen zaungast plötzlich inmitten des geschehens zu haben. „so ein kalb nimmt ja nicht zu!", brüllte sie, wenn es täglich einen stierkampf voll freude ruppigst absolvierte.

mit großen kulleraugen blickt es dich an, du schwingst verzweifelt deinen roten pullover, den schon der cousin und die cousine aus der stadt getragen haben, aber rot ist er noch immer. es weicht zurück, bückt sich, schnellt nach vorn, um dir einen leichten stoß mit der stirne zu geben. die engel singen, während die freunde das kalb von dir wegzerren und dafür fußtritte kassieren. der englische rasen im bauernhof, den der vater meines freundes über alles liebte, litt. abends litten wir und sahen uns darauf wochenlang nur in der schule. alles musste reifen.

wie auch heute noch: rindfleisch braucht seine reifezeit. aber in dieser zeit verliert es flüssigkeit, wasser, gewicht, und das ist geld. deshalb kommt es meist zu früh in den handel und büßt viel von seiner qualität ein, die es in österreich sonst auch hätte. passende rasse, richtige aufzucht, tiergerechte haltung, schonende schlachtung und reife vor der verwendung – das sind die dinge, die wir fordern müssen, mit qualität kocht sichs leicht.

rindsuppe (rindsfond)

beinfleisch in einem großen topf mit öl gut anbraten, gemüse waschen, wo nötig, schälen. karotten und rüben im ganzen lassen, zeller halbieren und das wurzelgemüse zur seite stellen. rest des gemüses grob schneiden und mitrösten. mit ca. 3 l wasser aufgießen, sodass fleisch und gemüse 5 cm hoch bedeckt sind. zwiebel halbieren und mit den schnittflächen nach unten ein, zwei minuten auf einer herdplatte oder in einer pfanne ohne fett rösten (so geht der rohzwiebelgeschmack weg), dann dazufügen. wenn die suppe kocht, karotten, rüben und zeller einlegen und so lange mitkochen, bis sie weich, aber noch bissfest sind (dann als beilage für andere gerichte oder als suppeneinlage zur seite stellen). laufend den aufsteigenden schaum abfetten, danach die gewürze beifügen. nach ca. 3 stunden den fond durch ein etamintuch (ersatzweise ein haarsieb) abseihen. warm entfetten (dazu fährt man mit einem möglichst flachen schöpfer vorsichtig am topfrand entlang, sodass das obenauf schwimmende fett einfließen kann). leichter geht das entfetten, wenn man die suppe durchkühlen lässt. dann werden die fettaugen fest und lassen sich mit einem großen löffel entfernen.

der rindsfond dient als basis für andere gerichte oder wird mit einlagen zur köstlichen rindsuppe. er lässt sich auch gut portioniert einfrieren.

> 1000 g beinfleisch (nicht zu fett)
> 4 el öl
> 3 karotten, 3 gelbe rüben, 1 zeller
> 1 zwiebel, 1 stange lauch
> salz, 15 pfefferkörner, 4 neugewürzkörner

consommé
die ganz besondere rindsuppe

man verbindet 500 g faschiertes rindfleisch, zwei eiklar und salz mit 20 eiswürferln und mit einem kaffeelöffel paradeismark, mischt es in die entfettete rindsuppe und lässt alles langsam aufkochen. immer wieder vorsichtig umrühren. das eiweiß klärt die suppe. nach 2 bis 3 stunden wird durch ein etamintuch abgeseiht und mit frisch geriebener muskatnuss vollendet.

in diese suppe passen fast alle klassischen einlagen.

variante: mit kalbsfond und kalbsfaschiertem wird es eine kalbsconsommé, mit hendl eine hühnerconsommé, mit ochsenschwanz eine klare ochsenschwanzsuppe oder kraftbrühe.

kalbsjus (brauner fond)

(fertige saucen gibt es überall, selbst in der gastronomie haben sie sich verbreitet, doch selbst zubereitete jus schmecken – ohne alle falsche nostalgie – einfach besser, probieren sie's ...)

backrohr auf 220 grad vorheizen, knochen und fleisch mit der hälfte des öls in einer pfanne ganz dunkel rösten, einige male umrühren. in einem großen topf das gewaschene, wo nötig geschälte und grob geschnittene gemüse („mire poix", so nennt man wurzelwerk beziehungsweise die schneideart in grobe würfel, die sich im öl gut drehen und gleichmäßig bräunen lassen) im rest des öls anrösten. fleisch und knochen dazugeben, paradeismark einrühren und alles rösten, mit dem wein ablöschen. durchrühren, mit so viel wasser aufgießen, dass es den inhalt bedeckt. mit salz und pfeffer würzen, kochen lassen, bis die flüssigkeit auf rund ein viertel reduziert ist. danach durch ein haarsieb abseihen und kühl stellen. wenn der jus gut durchgekühlt ist, wird das fett entfernt.

tipp: dieser jus lässt sich auch mit schwein, rind oder geflügel zubereiten. stimmen sie die gewürze auf das jeweilige fleisch ab. schwein zum beispiel verträgt mehr knoblauch und rosmarin, beim rind ist es besser, mit rotwein anstelle mit weißwein aufzugießen. wer aber nicht so viel zeit und lust hat, unterschiedliche jus zu bereiten, der sollte sich als basis an den kalbsjus halten. der jus hält, gekühlt und hygienisch verwahrt, im kühlschrank zumindest eine woche. er dient als basis für diverse saucen, wie zum beispiel rotweinsauce, schalottensauce, grobe braune senfsauce, madeirasauce, portweinsauce etc. – fabriziert man auf einmal eine größere menge, kann der jus auch eingefroren werden.

> 1000 g kalbsknochen, sehnen, fleischabgänge
> 4 el öl
> 3 karotten
> 3 gelbe rüben
> 2 zwiebeln
> 1 stange lauch
> 1 zeller
> 2 el paradeismark
> 1/4 l weißwein
> salz
> 15 pfefferkörner
> 2 zweige thymian
> 1 lorbeerblatt

kalbssauce (fond de veau lié)

eine feine kalbssauce erhält man, wenn man die passende menge kalbsjus mit einigen spritzern kräftigem weißwein oder mit etwas noilly prat (oder einem anderen weißen wermut) aufkocht, je nach persönlicher vorliebe mit salz, pfeffer, thymian, majoran, etwas knoblauch abschmeckt und die flüssigkeit mit in kaltem wasser verrührter stärke etwas bindet (in der fachsprache heißt das „abziehen").

klare rindsuppe mit sternen von kürbis und zeller

suppenfleisch mit der in grobe würfel geschnittenen zwiebel in öl anrösten, wasser dazugießen, bis es 5 cm über dem fleisch steht. gemüse waschen, schälen, die schalen gleich zur suppe geben, gewürze dazu. das mittelstück des zellers zur seite legen. muskatkürbis schälen, die randstücke in die suppe geben. wenn die suppe kocht, das wurzelgemüse (bis auf den zeller) einlegen und wenn es durch, aber noch etwas kernig ist, entfernen. es kann als beilage für ein anderes gericht verwendet werden. alle, die viel gemüse in der suppe lieben, können es aber auch in scheiben geschnitten später wieder einlegen.
suppe nach ca. 1 1/2 stunden durch ein etamintuch (ersatzweise ein feines haarsieb) seihen. das fleisch kühl stellen. die mittelstücke von zeller und kürbis in ca. 5 mm dicke scheiben schneiden, mit einem keks-ausstecher sterne ausstechen. einen teil des überkühlten (so lässt es sich besser weiterverarbeiten) suppenfleisches in kleine würfel schneiden. abgeseihte suppe aufkochen, zeller- und kürbissterne einlegen, nach zwei, drei minuten sind sie weich, aber noch kernig, fleisch dazu, anrichten. jeden teller mit etwas fein gehackter petersilie und einem hauch frisch geriebener muskatnuss bestreut servieren. „nahrhafter" wird die suppe, wenn man noch dünne suppennudeln beifügt.

500 g suppenfleisch vom rind (nicht zu fett)
1 große zwiebel
2 el öl
3 karotten, 3 gelbe rüben, 1 zeller
1 petersilienwurzel
200 g muskatkürbis
einige zweige petersilie
salz, 10 pfefferkörner
4 neugewürzkörner
muskatnuss

rindsfilet mit herbstsalat-bouquet
fast wie „carpaccio"

karotte schälen und der länge nach mit dem sparschäler vier streifen abho-beln. diese streifen (sie sollten zumindest 2 cm breit und 12 cm lang sein) in salzwasser einlegen.

rindsfilet in 5 mm dicke scheiben schneiden. scheiben zwischen zwei stück plastikfolie (frischhaltefolie, gefriersackerl o. ä.) vorsichtig hauchdünn klopfen, auf teller verteilen, sodass ein viertel frei bleibt. mit pfeffer bestreuen, mit champignon-kernöl-marinade beträufeln.

salat waschen, trockenschleudern, wie einen blumenstrauß zusammenhalten und mit dem karottenstreifen umwickelt stehend auf den freien platz am teller anrichten. mit einer marinade aus apfelbalsamessig, dem restlichen olivenöl, salz und pfeffer vorsichtig übergießen. teller mit grobem salz bestreuen.

tipp: apfelbalsamessig selbst „erschaffen" – ein notnagel. 1/2 l naturtrüber apfelsaft, reduziert auf 1/8 l, mit apfelessig säuern und mit etwas honig ein-dicken.

  300 g rindsfilet
  insgesamt 150 g eichblatt-, frisée-, lollo-rosso-salat
  1 große karotte
  8 cl olivenöl
  2 cl balsamico-essig
  salz, pfeffer
  1 pastinake (ersatzweise eine petersilienwurzel)
  öl zum backen

  champignon-kernöl-marinade:
  100 g champignons
  saft einer zitrone, salz, pfeffer
  1/16 l weinviertler kürbiskernöl
  etwas suppe und diese zutaten zusammen mit einem teelöfferl senf
  stabmixen.

rindfleisch-wurzelgemüsewandl
mit kräutermarinade

rindsfond und wein aufkochen. geschälte karotte und rübe so lange darin kochen, bis sie nicht mehr roh, aber noch knackig sind. lauch gut waschen, halbieren, eine minute im fond blanchieren, in eiskaltem wasser abschrecken. gelatine einweichen. fond durch ein haarsieb seihen und gelatine darin auflösen. rindfleisch in dünne scheiben schneiden. karotte und rübe der länge nach (am besten mit der schneidemaschine) in 2 mm dicke streifen schneiden.

eine terrinenform (oder eine kuchenkastenform) mit etwas wasser besprizten, mit klarsichtfolie auskleiden. 1/8 l fond einfüllen, schichtweise abwechselnd gemüse und rindfleisch einlegen. man beginnt mit einer lage gemüse. am ende mit dem fond übergießen, er sollte keinesfalls höher als nötig stehen, um alles zu bedecken. im kühlschrank für einige stunden beschwert durchkühlen lassen (besser ist es, über nacht). danach vorsichtig stürzen und die terrine samt der folie mit einem scharfen messer (noch besser ist ein elektromesser) ohne viel druck aufschneiden.

für die marinade schneidet man schalotte, schnittlauch und kräuter möglichst fein, vermischt sie mit balsamico-essig und öl, salzt und pfeffert. beim anrichten wird ein stück der terrine mit der marinade übergossen.

tipp: für den nationalfeiertag, den 26. oktober (früher der „tag der fahne", wie es auf fotos der „alten schule" zu sehen ist), machen wir eine rot-weiß-rote zwiebelmarinade. 1 große zwiebel fein schneiden, mit heißem wasser im spitzsieb durchspülen, in öl anschwitzen, mit apfelessig, salz, zucker und etwas wasser weich kochen, mit pfeffer aus der mühle würzen. stabmixen und einen teil der marinade mit etwas rote-rüben-salat vermixen. nach dem anrichten mit frischem kren überreiben.

300 g gekochtes, mageres rindfleisch (so lässt sich zum beispiel gut suppenfleisch wie schulterscherzl verarbeiten, siehe seite 127)
1 große karotte
1 große gelbe rübe
1 stange lauch
1/4 l rindsfond
1/8 l trockener weißwein
5 blätter gelatine
4 cl balsamico-essig
8 cl olivenöl
1 schalotte, 1 bund schnittlauch
1 tl abgezupfter frischer thymian
frische kräuter der saison und nach persönlichem geschmack
salz, pfeffer

bruckfleisch

eine legende für mutige ...

der name kommt von der „schlachtbrücke". verwendet werden sechserlei teile des frisch geschlachteten rinds, bei einem guten fleischer kann man das immer noch auf vorbestellung bekommen.

herz, leber und bries werden in flache scheibchen oder würferln, die lichteln zu dünnen ringen, milz und kronfleisch zu streifen geschnitten. die würfelig geschnittenen zwiebeln werden in 100 g schmalz angeröstet und mit etwas rotwein abgelöscht. dann kommen herz, die lichteln, kronfleisch, leber und gewürze dazu. ca. eine stunde lang zugedeckt im eigenen saft dünsten lassen. dann bries und milz dazugeben und weiterdünsten lassen. währenddessen wird das wurzelwerk gewaschen, geschält, in würfel geschnitten und gemeinsam mit dem zerdrückten knoblauch im restlichen schmalz angebraten. das gemüse zum fleisch geben, rotwein und eventuell etwas wasser zugießen und dünsten, bis das bruckfleisch zart-weich ist. „klassisch" ist es, zum schluss mit blut zu montieren, das bindet das bruckfleisch zusätzlich und macht es cremig. als beilage passen serviettenknödel (siehe seite 52) oder erdäpfelnockerln (siehe seite 37).

> insgesamt 1000 g herz, leber, milz, herzröhren („lichteln" genannt, oder in ringerl geschnitten auch „weinviertler tintenfisch"), bries und kronfleisch – möglichst zu gleichen teilen
> 120 g schmalz (ersatzweise öl)
> 2 zwiebeln
> 2 zehen knoblauch
> 2 karotten
> 2 gelbe rüben
> 1/2 zeller
> 1/2 l rotwein
> 4 cl rinder- oder schweineblut (mit salz gerührt und im eiswürfelsackerl tiefgekühlt, wenn mans ganz klassisch mag)
> lorbeerblatt, thymian, majoran, salz, pfeffer

kalbsragout mit zeller und trüffelöl

kalbsschulter in würfel schneiden. fein geschnittene zwiebel in butter und öl anrösten, fleischwürfel dazugeben und mitrösten. wenn sie gut angebraten sind, mit kräftigem chardonnay oder weißem portwein ablöschen, mit fond und jus (haben sie keinen jus, dann nehmen sie bitte keine fertigsauce, sondern etwas mehr fond) auffüllen. zugedeckt dünsten lassen, bis das fleisch weich ist.

zeller schälen und in 2 cm große würfel schneiden. gemeinsam mit den grünen pfefferkörnern zum fleisch geben, nur 10 minuten weiterdünsten. mit in wasser verrührter stärke binden, aufkochen lassen, obers dazu. sollte der zeller noch nicht weich genug sein, topf einfach zur seite stellen und das gemüse ohne zusätzliche hitze gar ziehen lassen (dünstet man es zu lange, zerfällt es). vor dem anrichten mit trüffelöl vollenden.

dazu passen neben knusprigem weißbrot erdäpfelnockerln (siehe seite 37) oder bröselknöderln (siehe seite 18).

> 600 g kalbsschulter
> 1 (ca. 400 g) zeller
> 1 zwiebel
> 20 g butter
> 2 el öl
> 4 cl kräftiger grüner veltliner, z. b. grüner veltliner mx vom weingut taubenschuß aus poysdorf
> oder weißer portwein
> 1/4 l rinds- oder gemüsefond (ersatzweise 1/4 l wasser mit
> 1 tl gemüsewürze aufkochen)
> 1/4 l kalbsjus
> 1 bis 2 el stärke
> 1/8 l obers
> trüffelöl
> salz, grüne pfefferkörner

rindsfilet mit sautierten schwammerln und rotweinsauce

für die rotweinsauce röstet man 6 fein geschnittene schalotten in 40 g butter an, gibt den kristallzucker darüber, rührt gut durch, bis der zucker karamellisiert, aber noch nicht dunkel wird, mit rotwein und der hälfte des portweins aufgießen. auf die hälfte einreduzieren lassen. jus beifügen, noch einmal um die hälfte reduzieren lassen und durch ein feines sieb seihen. wieder aufkochen. im restlichen portwein die stärke verrühren, damit binden, sodass eine schön cremige, nicht zu dicke sauce entsteht. mit 40 g butter „montieren". mit salz und pfeffer abschmecken.

rindsfilet in vier portionen teilen, mit etwas salz und grobem pfeffer würzen, in rapsöl auf beiden seiten kräftig anbraten.

tipp: um zarte filets zu bekommen, die „medium", also innen rosa, aber nicht mehr „blutig" sind (eigentlich handelt es sich dabei ja nie um blut, sondern um roten fleischsaft), lässt man sie nach dem anbraten im rohr bei 70 grad eine halbe stunde durchziehen. je länger die filets im rohr bleiben, desto mehr ziehen sie durch (bis hin zur stufe „well done"), werden langsam aber auch trocken. je kürzer man sie im rohr lässt, desto roher sind sie noch im kern („rare", „medium rare"). brät man die filets nur an, dann nennt man diese stufe „bleu", das fleisch ist in diesem fall im kern erst lauwarm.

schwammerln putzen, nur die größeren in einige stücke teilen. 2 fein geschnittene schalotten in 40 g butter anrösten, schwammerln dazugeben, mit kümmel und salz würzen, kurz sautieren.

als beilage eignen sich gebratene erdäpfelscheiben (siehe seite 39), breite nudeln (nach rezept bissfest gekocht) oder erdäpfelnockerln (siehe seite 37).

auf großen, gut vorgewärmten tellern wird die beilage als „untergrund" angerichtet. darauf kommt die sauce (sie verteilt sich von selbst in der mitte des tellers), darauf das rindsfilet, das mit den schwammerln belegt wird. eventuell den tellerrand mit frisch gemahlenem pfeffer bestreuen.

> 800 g rindsfilet
> 250 g schwammerln der saison (steinpilze, eierschwammerln, semmelstoppelpilze, herbsttrompeten – auch gemischt)
> 4 el rapsöl
> 120 g butter
> 8 schalotten
> 1 l rotwein
> 1/8 l portwein
> 1/4 l kalbs- oder rindsjus
> 2 el kristallzucker, 1 el stärke
> salz, grob gestoßener pfeffer, gemahlener kümmel

kalbsschulterscherzl auf kürbiskraut

kalbsschulterscherzl mit senf bestreichen. gemüse waschen. karotte, rübe und zeller schälen. zwiebel in würfel schneiden und in einem ausreichend großen topf im öl anbraten. kalbsschulterscherzl einlegen und auf allen seiten anbraten. mit so viel wasser aufgießen, dass das fleisch zwei fingerbreit bedeckt ist. gemüse und saubere gemüseschalen einlegen und würzen. karotte, zeller und rübe entfernen, wenn sie nicht mehr roh, aber noch knackig sind (sie dienen in scheiben geschnitten als beilage oder suppeneinlage). das kalbsschulterscherzl ist dann weich, wenn das fleisch auf druck nachgiebig reagiert. das wird in diesem fall nach rund 1 bis 1 1/2 stunden der fall sein.

kürbiskraut laut rezept zubereiten, auf gut vorgewärmte teller legen, darauf das in ca. 1 cm dicke scheiben geschnittene kalbsschulterscherzl. mit etwas abgeseihtem kalbsfond begießen. wem das kürbiskraut als beilage zu wenig ist, kann es durch gebratene erdäpfelscheiben (siehe seite 39) oder durch salzerdäpfel (wichtig ist, dass man dafür eine fest kochende sorte verwendet) ergänzen. auch auf das fleisch gestreute erdäpfelchips (siehe seite 39) geben dem gericht ein besonderes gesicht.

> kürbiskraut (siehe seite 23)
> 800 g kalbsschulterscherzl
> 1 zwiebel
> 3 el öl
> 1 karotte
> 1 gelbe rübe
> 1/4 zeller (oder eine stange stangensellerie)
> 1 el dijonsenf, salz, 10 pfefferkörner, 3 neugewürzkörner

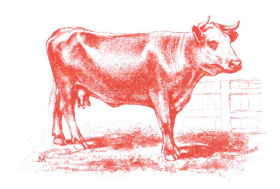

gebratenes rindsfederl (rinderhals oder faux filet)

rindsfederl in vier portionen teilen. mit grobem pfeffer würzen, in einer schweren pfanne mit dem öl auf beiden seiten kräftig anbraten. rohr auf 80 grad vorheizen, die federl-steaks 30 minuten gar ziehen lassen. vor dem servieren mit grobem meersalz bestreuen. dazu kann man diverse salate servieren, auch gebratene erdäpfelscheiben (siehe seite 39) und gemüse der saison (zum beispiel brokkoliröschen, paprika- und zucchinistreifen in butter anrösten, mit etwas suppe ablöschen und sofort zugedeckt 2 bis 3 minuten dünsten. salzen, eventuell mit frischen gartenkräutern vollenden).

1000 g rindsfederl
3 el öl
grobes meersalz, grob gestoßener pfeffer, 1 zweig basilikum

schweinereien

schweinereien

... haben so viel negatives im wort und sind so gut in wirklichkeit. eines meiner lieblingsbücher ist „die farm der tiere" von george orwell, es endet mit dem satz: die schweine gingen aufrecht und man wusste nicht zu unterscheiden schwein mensch, mensch schwein ... das sollte uns immer zu bewusstem essen anregen, nie nur hineinstopfen, essen ist kultur im hinterkopf.

schweinefleisch aus artgerechter tierhaltung ist zwar teurer, aber auch bedeutend, das heißt schmeckbar besser. und es ist wieder im kommen – sozusagen voll im trend. einer meiner partner, der bauer walther rutschka (eine seiner spezialitäten ist geselchtes mit möglichst wenig salz, möglichst kalt geräuchert), hält seine schweine im bereich von weingärten im freien. das sieht nach einem regen wilder aus, als es ist, so, als würden schweine u-bahnen bauen wollen, nur die ohren schauen aus dem tiefen boden hervor, man sieht das wohlfühlen im gatsch förmlich. da wurde mein erinnerungsvermögen wachgerüttelt, denn das war nicht immer so: wenn wir als kinder nur durch den saustall mit spaltboden liefen, war der geruch so stark, dass fast der pullover auseinander fiel – wie mein opa zu sagen pflegte. da kommen nun positive, völlig neue qualitätsbegriffe auf uns zu: waldschweine, freilandschweine, mangalitzaschweine – sehr fett mit feinem fleisch – und dann gibt es natürlich noch die tausenden frei lebenden wildschweine des weinviertels. wir köche sind auch rund ums schwein gefordert – es muss nicht immer thunfisch und steinbutt sein, das schmalzbrot hat auch seine saison ...

„saushi"
(meine weinviertler antwort auf sushi)

sauerkraut mit geriebenem apfel, etwas pfeffer und öl abschmecken. rotkraut-salat mit etwas lebkuchengewürz und orangenschale würzen. jeweils ein blatt rohschinken auflegen, zur hälfte mit gut ausgedrücktem kraut belegen und fest zusammenrollen. die rolle alle 3 cm mit einem scharfen messer schneiden, aufstellen – und fertig ist die weinviertler antwort auf sushi!
dazu passt sehr gut apfelkren oder – für solche, die es scharf mögen – eine alternative zum japanischen wasabi (grüner bergkren): krenwurzel fein reißen, etwas salz, eine prise zucker dazu, mit ein wenig crème fraîche abrühren, sodass eine dicke paste entsteht. auch apfelkren passt gut dazu.

> 100 g sauerkraut
> 100 g rotkrautsalat (siehe seite 51)
> 1/2 apfel
> 1 el olivenöl
> 100 g dünn geschnittener rohschinken
> lebkuchengewürz, orangenschale (zeste), pfeffer

blunzn mit äpfeln

blunzn schälen, in scheiben schneiden und im öl vorsichtig auf beiden seiten braten. äpfel schälen, entkernen, ebenso dicke scheiben schneiden und in der butter auf beiden seiten braten. abwechselnd auf gut gewärmte teller legen. mit gehackter petersilie und frischem kren bestreuen.
sehr gut schmecken auch (roh) mitgebratene erdäpfelscheiben.

> 400 g feste blunzn (sodass sie beim schälen nicht zerfällt)
> 3 äpfel (äpfel und blunzn sollen einen möglichst ähnlichen durch-messer haben)
> 30 g butter
> 1 el öl
> 1 bund petersilie, frischer kren

leberknödel

leber und milz fein schaben und mit der eingeweichten und gut ausgedrückten semmel faschieren. zwiebel fein schneiden, in der butter anschwitzen, zerdrückten knoblauch auch etwas anschwitzen. lebermasse mit allen zutaten vermengen, semmelbrösel dabei nach und nach zugeben und darauf achten, dass eine nicht zu feste masse entsteht. 15 minuten rasten lassen. dann in salzwasser ein probeknöderl kochen. zerfällt es, noch etwas semmelbrösel zugeben und die masse nochmals kurz anziehen lassen. knödel in salzwasser ca. 6 minuten pochieren (das wasser sollte nicht sprudelnd kochen, sondern nur perlen).

tipp: massen mit semmelbröseln ziehen beim rasten an, das heißt, sie werden fester. also lieber zuerst die masse zu locker lassen, als danach eine zu haben, mit der man gäste und andere „mitesser" mit tennisspiel erfreuen könnte.

> 80 g kalbs- oder rindsleber
> 40 g milz
> 30 g butter
> 1 ei
> 1/2 kleine zwiebel
> 1 semmel
> ca. 50 g semmelbrösel
> 1 zehe knoblauch
> 1 tl gehackte petersilie
> 1 mokkalöffel frischer, gehackter majoran
> salz, pfeffer

schweinszüngerl gebacken und gekocht mit senfsauce

gemüse waschen, karotte, rübe und zeller schälen. 1 l salzwasser mit dem wein, den schalen, knoblauch, lauch, thymian, lorbeerblatt, pfeffer und neugewürz zum kochen bringen. schweinszügerl, karotte, rübe und zeller einlegen und kochen. gemüse entfernen, wenn es noch knackig ist. schweinszüngerl überkühlen lassen, vorsichtig die haut abschälen. mit dijonsenf einreiben. aus estragonsenf, crème fraîche und etwas salz eine senfsauce rühren. züngerl in 1 cm dicke scheiben schneiden und in mehl, ei und bröseln panieren. in 3 cm hoch öl in einer pfanne knusprig braten. mit der senfsauce und in scheiben geschnittenem, ansautiertem gemüse anrichten.

wer will, kann das gericht durch diverse marinierte blattsalate oder erdäpfelsalat (siehe seite 110) erweitern.

600 g schweinszunge
1 karotte
1 gelbe rübe
1 stange lauch
1 zehe knoblauch
1/4 zeller oder 1 stange stangensellerie
1/8 l weinviertler grüner veltliner
2 el dijonsenf
50 g estragonsenf
50 g crème fraîche
mehl, ei, brösel zum panieren
öl zum backen
1 zweig thymian, 10 pfefferkörner, 3 neugewürzkörner, salz
1 lorbeerblatt

bauernleberkäs vom freilandschwein auf rollgerstl

rollgerstl über nacht in wasser einweichen, mit den getrockneten steinpilzen, einer kleinen zwiebel und dem grünen pfeffer in gemüsefond weich kochen. pioppinipilze in butter ansautieren und gemeinsam mit den kapern untermischen. leberkäs in scheiben schneiden, in distelöl auf beiden seiten anbraten und auf dem rollgerstl servieren.

dazu passen grober senf oder senfmayonnaise, aber auch frittierte frische petersilie (dafür zupft man eine hand voll große petersilienblätter ab, frittiert sie in einer pfanne oder einer fritteuse bei ca. 160 grad maximal eine minute – und lässt sie auf einem küchenpapier gut abtropfen. etwas salzen).

> 500 g mini-leberkäs, z. b. hausgemacht von den familie rutschka in altlichtenwarth (ersatzweise guter neuburger)
> 300 g rollgerstl
> 4 el distelöl
> 30 g butter
> 40 g getrocknete steinpilze
> 1/2 l gemüsefond (ersatzweise 1/2 l wasser mit 1 el gemüsewürze aufkochen)
> 150 g pioppinipilze (ersatzweise champignons)
> 1 kleine zwiebel
> 1 el kapern
> 1 tl grüner pfeffer

frische saumaisen auf erdäpfel-senf-püree
(sie liegen lange nicht so schwer im magen wie die geselchten ...)

schweinefleisch in kleine würfel schneiden, mit den fein geschnittenen zwiebeln und knoblauchzehen, salz, pfeffer, rosmarin und thymian zweimal durch die faschiermaschine drehen. eine stunde ziehen lassen, danach die masse belegt mit frisch geschnittenen champignons in acht passende stücke schweinsnetz einpacken und in einer schweren pfanne mit etwas öl langsam braten.

geschälte erdäpfel in salzwasser weich kochen. obers mit etwas frisch geriebener muskatnuss aufkochen. die durch ein passiersieb gedrückten erdäpfel dazugeben, salzen, mit grobem senf, dijonsenf und 1/8 l obers mit dem schneebesen kurz durchrühren.

schweinsmaisen auf dem erdäpfel-senf-püree anrichten, mit gehackter petersilie bestreuen.

> 600 g durchzogenes schweinefleisch (nicht zu mager)
> 600 g mehlige erdäpfel
> schweinsnetz (besonderes fettgewebe – das gibt es auf bestellung
> beim fleischer)
> 4 el öl
> 4 champignons
> 1/8 l obers
> 2 zwiebeln
> 4 zehen knoblauch
> 3 el grober senf (mit ganzen, angekeimten senfkörnern)
> 1 tl dijonsenf
> 1/8 l obers
> 1 tl gehackter frischer rosmarin
> 1 tl gehackter frischer thymian (zitronenthymian ist besonders gut)
> 1/2 bund petersilie
> salz, pfeffer, muskatnuss

gebackenes surschnitzerl

surschopfbraten eignet sich zum backen besonders, er ist saftig und das gesurte fleisch ist aromatisch. salzen wird überflüssig. vier schnitzel schneiden, klopfen, bis sie regelmäßig dünn sind. mit mehl, ei und bröseln panieren. in einer pfanne mit 3 cm hoch öl auf beiden seiten knusprig backen. auf küchenpapier gut abtropfen lassen.

mit salat servieren. sehr gut passt dazu krautsalat (siehe seite 51) oder erdäpfel-vogerlsalat (erdäpfelsalat, siehe seite 110, mit vogerlsalat vermengen, eventuell mit essig etwas nachwürzen).

600 g surschopfbraten („sur" ist eine möglichst milde pökelsalz-knoblauch-kräuter-marinade, womit man früher das fleisch länger haltbar gemacht hat)
mehl, ei, brösel zum panieren
öl zum backen

bauernschmaus modern

hier muss sich niemand fürchten, von fetten fleisch- und wurstmassen erschlagen zu werden ... es geht um qualität statt um quantität, die findet man zum beispiel bei freilandschweinen der familie rutschka in altlichtenwarth.

warmen rotkrautsalat oder mildes sauerkraut laut rezept zubereiten. schweins- oder kalbsjus mit wein, knoblauch und rosmarin aufkochen, mit in wasser verrührter stärke binden („abziehen"). durch ein sieb seihen. für den apfelkren einen geschälten apfel reiben, mit frisch gerissenem kren und einem spritzer apfelessig vermengen. schweinsfilet zu vier mini-steaks schneiden, mit salz, kümmel und pfeffer würzen, flach drücken und möglichst kurz in öl auf beiden seiten abbraten. für eine viertelstunde im rohr bei 70 grad rasten lassen.

leberkäs portionieren und in salzwasser gar ziehen lassen. würste in einer pfanne mit öl (nicht zu heiß) knusprig braten. surfleisch portionieren, klopfen, mit kümmel würzen und in öl rasch knusprig braten. erdäpfel- und/oder serviettenknöderlscheiben braten.

in der mitte großer teller eine erdäpfelscheibe platzieren, das kraut darauf gupfartig anrichten. an das kraut die diversen fleischstücke, würste und knödel legen. mit schweinsjus glacieren. auf jeden teller einen esslöffel groben senf und einen esslöffel apfelkren setzen. mit frisch gerissenem kren „überzuckern".

varianten: nach belieben kann der bauernschmaus mit gebackener schweinszunge, gegrillten entenkeulen, grammelknöderln und ähnlichem ergänzt werden. wichtig ist, dass er aus vielen kleinen komponenten besteht. lassen sie ihre fantasie spielen!

tipp: wer keinen jus parat hat, der hebt die bratenrückstände auf, löscht sie mit 1/8 l grünem veltliner ab, gibt eine knoblauchzehe und einen zweig rosmarin dazu, lässt alles 5 minuten kochen, bindet die sauce mit 1 tl stärke und seiht sie danach durch ein sieb.

> möglichst kleine, am besten in saitlinge (schafdärme) gefüllte blut-,
> leber- und bratwürste, insgesamt ca. 400 g
> 200 g leberkäs (minileberkäs oder ersatzweise guter neuburger)
> 200 g schweinsfilet, 200 g surschopf oder surkotelett
> öl zum braten, kümmel, salz, grob gestoßener pfeffer
> 1/4 l schweins- oder kalbsjus (siehe seite 120), ersatzweise bratenrückstand
> 4 cl weinviertler grüner veltliner
> 1 tl stärke, 1 knoblauchzehe, 1 zweig rosmarin
> rotkraut oder mildes sauerkaut
> 4 gebratene erdäpfelscheiben und/oder serviettenknöderln
> (siehe seite 39 und/oder 52)
> frischer kren, grober senf
> 1 apfel, etwas apfelessig

wild

wild

mutters saure hasensauce, auf die sie – nicht grundlos – wie viele mütter im dorf stolz war, war für mich als junior der inbegriff alles schreckenden, das auch noch gegessen werden musste. damit war für mich wild sozusagen gegessen.

erst seit ich wild grille, liebe ich den geschmack – schwarze nüsse, ebereschen und schlehdorn sind die wichtigen zartbitteren beilagen.

für mich gilt der einfache grundsatz, nur wild aus der näheren gegend, nur frisch angebotenes wild zu verwenden. auch wenn gäste mich manchmal schimpfen, damit muss man leben. nicht immer ist alles verfügbar. nicht geschossen ist nicht da, da hilft kein flennen, manchmal treffen jäger nicht … nur im tiefkühler und aus dem gatter geschossen ist wild immer da …

bei wild bin ich „purist", ich bestreue es mit etwas wildgewürz und lasse es im vakuum reifen, ohne essigbeize, ohne es in rotwein „einzuweichen". diese wildzubereitungen kommen aus einer zeit, als die einzigen kühlmöglichkeiten eiskeller und kühlhäuser mit eisblöcken waren. heute will man natürlichen wildgeschmack und nicht unter mehlpampe verstecktes, mit essigsäure entwildetes wild.

wildgewürz

alle zutaten in einem cutter nicht zu fein mixen (mahlen). wildgewürz in ein
einsiedeglas geben und gut verschlossen bis zur verwendung aufbewahren.

> 1 el korianderkörner
> 1 el senfkörner
> 10 neugewürzkörner
> 1/2 tl grüne, getrocknete pfefferkörner
> 2 lorbeerblätter (ruhig frische verwenden)
> 1 el wacholderkörner
> 5 gewürznelken
> 1 tl thymian
> 1 tl muskatblüte

klare wildsuppe mit fasanenhaxerln und maroni-nockerln

knochen und fleisch zerkleinern und in einem großen topf mit 4 el öl gut anbraten, gemüse waschen, wo nötig, schälen. karotten und rüben im ganzen lassen, zeller halbieren und die drei wurzelgemüse zur seite stellen. rest des gemüses sowie die schalen grob schneiden und mitrösten. mit forticus ablöschen und mit so viel wasser aufgießen, dass es fleisch, knochen und gemüse 5 cm hoch bedeckt. gewürze dazugeben. zwiebel halbieren und mit den schnittflächen nach unten 1 bis 2 minuten auf einer herdplatte oder in einer pfanne ohne fett rösten (so gehen die bitterstoffe weg) und in die suppe geben. wenn sie kocht, karotten, rüben, zeller einlegen und so lange mitkochen, bis sie nicht mehr roh, aber noch bissfest sind (dann als suppeneinlage zur seite stellen). nach ca. 2 stunden suppe durch ein etamintuch (ersatzweise ein haarsieb) abseihen und noch einmal zum kochen bringen, forticus zugießen.

fasanenhaxerln salzen, pfeffern und in 3 el öl rundherum anbraten, danach in der suppe so lange ziehen lassen, bis sich das fleisch mit einem löffel vom knochen lösen lässt. suppe auf gut gewärmten tellern anrichten, als einlage die wurzelgemüse in scheiben schneiden, laut rezept gekochte maroni-nockerln einlegen und jeweils ein fasanenhaxerl aus dem teller schauen lassen. mit gehackter petersilie vollenden.

> 800 g reh- oder hirschknochen, fasanenknochen, magere fleisch- und sehnenreste
> 4 fasanenhaxerln
> 7 el öl
> 3 karotten
> 3 gelbe rüben
> 1 zwiebel
> 2 stangen lauch
> 1 petersilienwurzel
> 1 zeller
> 1/4 l forticus (eine art weinviertler portwein vom schlossweingut hardegg), zusätzlich etwas forticus zum ablöschen
> 1/2 bund petersilie
> salz, 15 pfefferkörner, 4 neugewürzkörner, 4 wacholderkörner
> maroni-nockerln (siehe seite 162)

hirsch-roast „beef" auf ananas-sellerie-salat

zeller schälen, halbieren und in salzwasser mit gemüsewürze überkochen, sodass er nicht mehr roh, aber noch knackig ist. ananas schälen, mittelstrunk entfernen, in gleichmäßige scheiben schneiden und diese achteln – aufpassen, dass der saft nicht verloren geht! zeller in 1 cm große würfel schneiden, stangensellerie in 1 cm breite scheiben schneiden. alle drei mischen und mit einer marinade aus dem beim schneiden entstandenen ananassaft, essig, olivenöl, salz und weißem pfeffer übergießen. salat eine stunde durchziehen lassen.
hirschrücken mit wildgewürz einreiben, etwas salzen und im rapsöl rundherum anbraten. im vorgeheizten rohr bei 120 grad 40 minuten langsam garen. in alufolie gerollt rasten lassen, dadurch wird das fleisch entspannt und wunderschön rosa.
auf großen tellern den salat in der mitte anrichten, hirsch-roast „beef" gegen die faserrichtung in möglichst dünne scheiben schneiden, darauf platzieren, mit etwas vom entstandenen natursaft begießen.
dazu passen auch zellerschüsserln mit preiselbeeren (siehe seite 38) oder folgende fruchtige sauce.

> 600 g hirschrücken
> 2 el wildgewürz (siehe seite 141)
> 4 el rapsöl
> 1 frische ananas
> 1 kleiner (ca. 400 g) zeller
> 1 stange stangensellerie
> 1 tl gemüsewürze
> 2 cl weißweinessig
> 6 cl olivenöl
> salz, weißer pfeffer aus der mühle

pikante preiselbeersauce

sesamkörner in sesamöl anrösten, mit senf und preiselbeerkompott verrühren.

> 6 cl sesamöl
> 2 el schwarze sesamkörner
> 1 el englischer senf
> 100 g preiselbeerkompott

rehschlögel auf rehragout

für das rehbratl den schlögel zuerst mit wildgewürz und mit 2 el vom öl einreiben und mit frischhaltefolie zugedeckt kalt stellen.

für das ragout wurzelwerk putzen, schälen und ebenso wie das fleisch von den rehvögerln in ca. 1 cm große stücke schneiden. in einer pfanne speck so lange erhitzen, bis sich ausreichend fett zum anbraten gebildet hat. zuerst gemüse im fett anschwitzen, dann die fleischstücke zugeben und mitrösten. mit 1/2 l wein und fond ablöschen. wildgewürz, thymian und lorbeerblatt zugeben und ca. 1 1/4 stunden dünsten. während der ersten 10 minuten der garzeit den topf geschlossen halten. ca. 40 minuten, bevor das ragout fertig gegart ist, schlögel im übrigen öl rundum anbraten und im vorgeheizten rohr bei 180 grad 20 minuten, danach bei 120 grad 20 minuten fertig garen.

bohnen in ein sieb schütten und gut abtropfen lassen. 1/16 l wein mit der stärke glatt rühren und damit das ragout binden. aufkochen lassen. bohnen untermischen. ragout eventuell mit salz nachwürzen. thymian, lorbeerblatt und speckstück entfernen. rehbraten aus dem rohr nehmen, rasten lassen, in scheiben schneiden. auf gut gewärmten tellern auf dem ragout anrichten.

als beilage eignen sich erdäpfelnockerln (siehe seite 37) oder gebratene serviettenknöderlscheiben (siehe seite 52). dazu passen sehr gut gebackene zellerschüsserln mit preiselbeeren (siehe seite 38).

400 g rehschlögel (im ganzen)
1 el wildgewürz
4 el rapsöl
200 g wurzelwerk (karotten, gelbe rüben, zeller, petersilienwurzel)
400 g rehvögerl oder rehschulter
60 g frühstücksspeck im ganzen
1/2 l rotwein
1/2 l wildsuppe oder gemüsefond (ersatzweise 1/2 l wasser mit
1 el gemüsewürze aufkochen)
1 tl wildgewürz (siehe seite 141)
1 kleine dose große weiße bohnen
1/16 l rotwein
1 el stärke
1 zweig thymian, 1 lorbeerblatt, salz

rehrückenfilet

backrohr auf 135 grad vorheizen. fleisch schräg in insgesamt vier gleich große stücke schneiden und rundum mit wildgewürz bestreuen. in einer pfanne öl erhitzen, fleisch darin beidseitig gut anbraten, ins vorgeheizte rohr schieben und ca. 10 minuten fertig garen. rehrückenfilets gegen die faserrichtung in gleich dicke scheiben schneiden, salzen, pfeffern und auf gut gewärmten tellern anrichten.
als nicht so „traditionelle" beilage sind currylinsen (siehe seite 53) sehr zu empfehlen. auch frittierte pastinaken-chips geben dem gericht eine besondere würze.

600 g rehrückenfilet
1 el wildgewürz (siehe seite 141)
2 el olivenöl
salz, pfeffer

wildschweinschnitzel mit zuckerrüben

backrohr auf 60 grad vorheizen. zwiebel schälen und kleinwürfelig schneiden. aus dem fleisch 12 gleich schwere schnitzel schneiden (à ca. 50 g), zwischen frischhaltefolie legen und behutsam klopfen. rettich und zuckerrüben schälen, rettich schräg in 12 ca. 1/2 cm dicke scheiben, zuckerrüben in 1/2 cm große würfel schneiden. die nadeln eines kleinen rosmarinzweiges fein hacken, knoblauch in dünne scheiben schneiden.

schnitzel mit koriander würzen und in mehl wenden. in einer schweren pfanne zwiebel in butter anschwitzen, schnitzel einlegen und behutsam auf die zwiebelstücke drücken. schnitzel beidseitig bei mittlerer hitze jeweils rund 1 minute braten. schnitzel auf einer seite mit senf bestreichen, aus der pfanne nehmen und im vorgeheizten rohr warm stellen. im bratenrückstand in der pfanne zuerst rettichscheiben mit knoblauch und rosmarin anbraten, dann die rübenwürfel zugeben und mitbraten. traubensaft zugießen und das gemüse offen und wallend bissfest köcheln (dauert ca. 10 minuten). am ende der garzeit sollte die flüssigkeit auf ein drittel der ursprünglichen menge eingekocht sein. gemüse mit salz und zitronensaft würzen.

schnitzel mit gemüse und der entstandenen sauce auf gewärmten tellern anrichten und mit halbierten schwarzen nüssen, einem rosmarinzweig und einem lorbeerblatt garniert servieren.

dazu passen auch gebackene zuckerrübenscheiben (siehe seite 38).

600 g wildschweinschale

1/2 kleine zwiebel

300 g weißer rettich (ca. 3 bis 5 cm durchmesser)

200 g zuckerrüben (fragen sie einen bauern ihres vertrauens danach, bei uns im weinviertel sind die „ruabm" noch immer weit verbreitet)

1 zehe knoblauch

50 g butter

3 el grober senf (mit ganzen, angekeimten senfkörnern)

1/2 l blauer traubensaft

1 bis 2 el zitronensaft

mehl

4 schwarze nüsse (siehe seite 162)

4 lorbeerblätter, 5 kleine rosmarinzweige, salz

gemahlener koriander

gebratener wildschwein-schopfbraten

karotten putzen, schälen und je nach größe der länge nach vierteln oder sechsteln, dann in der länge der fleischstücke zuschneiden. in die fleischstücke der länge nach (entlang der faserrichtung) mit einem ausbeinmesser spickkanäle einstechen (messer dabei drehen, um sie zu erweitern). karotten in die öffnungen stecken und das fleisch damit spicken. fleischstücke mit spagat formgerecht binden und mit wildgewürz bestreuen.

für die sauce zwiebeln schälen, halbieren und in dünne spalten schneiden. restliche karottenstücke in ca. 1 cm große stücke schneiden. in einer pfanne fleischstücke in heißem schmalz rundum anbraten, karotten- und zwiebelstücke zugeben, kurz mitrösten und mit wein ablöschen. braten ins auf 135 grad vorgeheizte rohr schieben und ca. 1 1/2 stunden garen. fleisch aus dem rohr nehmen, aus der pfanne heben und warm stellen. am ende der garzeit sollte ca. 1/4 l saft übrig sein, die fehlende menge mit dem fond ergänzen. sauce durch ein feines sieb gießen und aufkochen. stärke mit etwas wasser glatt rühren, in die sauce rühren und nochmals aufkochen. fleisch in gleichmäßige scheiben schneiden, mit salz würzen, mit der sauce und passenden beilagen (zum beispiel serviettenknöderln) anrichten.

tipp: je nach geschmack kann man die weinmenge zur gänze oder zur hälfte durch traubensaft ersetzen. bei der variante mit traubensaft sauce am ende der garzeit mit etwas zitronensaft oder essig abschmecken, da dem saft die nötige säure fehlt.

tipp: zusätzlich kann man 1 el vogelbeeren, preiselbeeren oder schlehdorn mit dem fleisch mitbraten. vogelbeeren und schlehdorn vor dem verarbeiten ca. 10 stunden frieren. nur so geht das allzu bittere verloren.

    2 (ca. 800 g insgesamt) wildschwein-schopfbraten
    3 karotten
    2 kleine zwiebeln
    1 el schmalz (ersatzweise rapsöl)
    2 el wildgewürz (siehe seite 141)
    1/4 l weinviertel grüner veltliner DAC, z. b. vom weingut wilhelm klaus aus wolkersdorf
    1/4 l gemüsefond (siehe seite 35) oder klarer wildfond (rezept abwandeln von der klaren wildsuppe, siehe seite 142, aber ohne madeira)
    1 tl stärke
    salz

reh-„bolognese" auf nudeln mit bergkäse

wurzelwerk waschen und ebenso wie die zwiebel und das fleisch in würfel schneiden, alles gemeinsam grob faschieren. masse im rapsöl anschwitzen, paradeismark und wildgewürz einrühren und mitrösten. mit 1/2 l wein und traubensaft aufgießen und das ragout auf mittlerer hitze ca. 40 minuten offen weich köcheln. ca. 10 minuten vor ende der garzeit wasser mit olivenöl und salz aufkochen, teigwaren darin bissfest kochen.

eierschwammerln putzen. größere exemplare halbieren oder vierteln, in das ragout geben und kurz mitköcheln lassen. stärke mit 1/8 l wein glatt rühren, in das ragout rühren und kurz aufkochen. mit salz abschmecken.

ca. 2 finger hoch öl in einem schmalen, kleinen topf erhitzen, kirschparadeiser einlegen, kurz (bis die schale aufplatzt) backen und auf küchenpapier gut abtropfen lassen. teigwaren in einem sieb abtropfen lassen, mit dem ragout anrichten und mit käse, kirschparadeisern und estragon garniert servieren.

>
> 300 g teigwaren (penne oder die guten alten hörnchen)
>
> 2 el olivenöl
>
> 300 g wurzelwerk (karotten, gelbe rüben, zeller, petersilienwurzel)
>
> 1 kleine zwiebel
>
> 400 g preiswertes rehfleisch (schulter oder bauch)
>
> 1/16 l rapsöl
>
> 1 el paradeismark
>
> 1 el wildgewürz (siehe seite 141)
>
> 1/2 l weißwein
>
> 1/2 l roter traubensaft
>
> 100 g möglichst kleine eierschwammerln
>
> 2 el stärke
>
> 1/8 l weißwein
>
> 4 kirschparadeiser
>
> etwas öl zum backen
>
> 50 g frisch geriebener bergkäse
>
> 4 zweige estragon, salz

eierspeisen,
salzig und süß

eierspeisen

eier sind heute in vieler hinsicht bei ärzten und diätikern verpönt, doch mit ausreichend bewegung sind sie wichtige bausteine fürs leben und überleben – und für köche die „treibende kraft" und die molligkeit in vielen rezepten. mir sind sie wichtig, wenn auch nicht immer. gekocht als frühstückseier, lasse ich sie komplett weg, da sind sie kulinarisch sinnlos und ungesund. doch gerührt, pochiert, verbraten und gebacken, geben sie einfachsten gerichten das gewisse etwas.

freilandeier sollen es sein, unterschiedlich gelb sind im lauf der jahreszeiten die dotter, das hängt mit fütterung und lichtverhältnissen zusammen. immer gleiche eier sind mit allen aufzucht- und fütterungstechnologien gesegnet und meist weit weg von artgerechter haltung.

bei natürlichen lebensmitteln ist mir geschmack wichtiger als aussehen.

meine nun schon legendären wurstkrapferln

bekannt aus funk und fernsehen ...

das war immer mutters geburtstagsessen für mich, dazu gabs gekochten kraut-salat (1 weißkrautkopf fein schneiden und in salzwasser kurz blanchieren, noch heiß marinieren mit 1/16 l hesperidenessig, 1/16 l öl, 1 tl ganzem küm-mel, salz, pfeffer und einer prise zucker).

eier, mehl und 1 el öl mit dem schneebesen gut verrühren, zum schluss die milch einrühren, bis ein dickflüssiger teig entsteht. fein gehackte petersilie, abgezupften thymian oder andere kräuter dazumischen, salzen. die knack-würste in ca. 1 cm dicke scheiben schneiden und in den teig tauchen. in einer pfanne das restliche öl erhitzen, die wurstscheiben mit einem esslöffel herausfi-schen und mit dem teig, der am esslöffel ist, einlegen. auf beiden seiten gold-braun backen.

dazu passt besonders gut rotkrautsalat (siehe seite 51). schön sieht es aus, wenn der salat als gupf in der tellermitte aufgehäuft und rundherum die knackwurstkrapferln aufgestellt werden. zum schluss kann man das ganze noch mit apfelkren garnieren und mit frisch gerissenem kren „überzuckern".

> 2 eier
> 8 el glattes mehl
> milch
> 5 el rapsöl
> salz, petersilie (oder andere frische kräuter wie thymian)
> 2 knackwürste
> salz, frischer kren

obersdorfer weißbrotomelett

bärlauch und blattspinat 30 sekunden in kochendem salzwasser blanchieren (oder aufgetauten blattspinat verwenden). paradeiser und zucchini in scheiben schneiden. eier mit obers verschlagen, mit einem drittel des geriebenen käses mischen. das weißbrot in der hälfte der eimasse einweichen. in einer großen gusseisenpfanne öl erhitzen, die andere hälfte der eimasse darin anbacken und mit den paradeisern und dem blattspinat belegen. mit salz und zerdrücktem knoblauch würzen. darauf das angeweichte weißbrot legen. zucchinischeiben einschichten und mit dem zweiten drittel des geriebenen käses bestreuen, mit der restlichen eimasse übergießen, leicht salzen und 30 minuten bei 160 grad im backrohr stocken lassen. danach stürzen und den restlichen käse darüber verteilen, mit oberhitze oder einer grillfunktion ganz kurz überbacken.
dazu passen wunderbar knackig frische blattsalate.

> 4 eier
> 1/8 l obers
> 4 scheiben entrindetes weißbrot
> 1 zucchini
> 2 fleischparadeiser
> 100 g blattspinat
> 1 zehe knoblauch
> 30 g frisch geriebener geheimratskäse
> 3 el olivenöl
> salz, pfeffer
> und im frühling eine hand voll bärlauch

gnocchi à la romaine

milch aufkochen, grieß darin aufquellen lassen, überkühlen. eier, salz, frisch geriebene muskatnuss und parmesan einrühren. auf ein mit backpapier ausgelegtes blech 1 cm dick aufstreichen, kalt werden lassen, danach rund oder halbmondförmig ausstechen oder in rhomben schneiden. im vorgeheizten rohr bei 160 grad 15 minuten backen lassen. man kann noch zusätzlich vor dem backen mit parmesan oder bergkäs bestreuen.

diese gebackenen gnocchi eignen sich gut als zuspeise zu hellem und dunklem fleisch, vegetarisch lassen sie sich mit eierschwammerln à la creme verbinden.

variante: zwei gnocchi übereinander legen und ganz frei nach ihrer fantasie füllen (mit ragouts oder aber auch einfach mit paradeisern oder ...).

> 1/2 l milch
> 150 g grieß
> 2 eier
> 30 g frisch geriebener parmesan (ich mag mehr vom vorarlberger bergkäs, drum nehme ich 60 g davon anstelle des „klassischen" parmesans)
> salz, muskatnuss

zeller-thymian-palatschinken

mit einem schneebesen ei, mehl, thymian und eine prise salz gut verrühren, zum schluss mit milch zu einem dickflüssigen teig verarbeiten und diesen ca. 10 minuten rasten lassen.

zeller schälen, zuerst in dünne scheiben, dann in nicht zu lange streifen schneiden. ein viertel der zellerstreifen in einer teflonpfanne mit etwas öl anschwitzen. palatschinkenteig vorsichtig zugießen und im durchmesser von 12 cm dünn verlaufen lassen. palatschinke wenden, fertig backen und warm stellen. aus den übrigen zutaten noch 3 palatschinken backen.

diese palatschinken passen sehr gut als beilage zu wild, lassen sich aber auch mit preiselbeersauce (siehe seite 143) als kleines zwischengericht servieren.

> 125 g glattes mehl
> 1/4 l milch
> 1 tl abgezupfter frischer thymian
> 1 ei
> 125 g zeller
> 3 el rapsöl
> salz

kaninchen in der kräuterpalatschinke

kaninchenfilets salzen, pfeffern und in 2 el öl rundherum anbraten. im rohr bei 70 grad ca. 15 minuten fertig garen. aus mehl, ei, einer prise salz, den frischen kräutern und 1 el öl mit dem schneebesen einen teig rühren, zum schluss so viel milch zufügen, dass ein dünnflüssiger palatschinkenteig entsteht. mit jeweils 1/2 el olivenöl vier dünne palatschinken backen, warm stellen. mayonnaise, senf und crème fraîche verrühren und auf die palatschinken streichen, filet auflegen und palatschinke wie üblich wickeln.

entweder auf salat servieren oder mit paradeisermarinade. auch einige tropfen öl aus der gartenrauke (siehe seite 49) mit knoblauch können das gericht abrunden.

variante: in kräuterpalatschinken mit senfmarinade lassen sich auch gebratene hühnerfilets, schinkenstreifen oder räuchertofu wickeln.

> 4 (ca. 400 g) kaninchenfilets (manchmal hängen sie in der mitte
> zusammen, in diesem fall an der haut trennen)
> 5 el olivenöl
> 100 g glattes mehl
> 1 ei
> ca. 1/4 l milch
> 1 tl abgezupfter frischer thymian
> 1 tl gehackte petersilie (im sommer borretsch, pimpernell, quendel
> etc., alles, was sie kriegen können oder besonders gerne mögen)
> 2 el grober senf (mit ganzen, angekeimten senfkörnern)
> 2 el salatmayonnaise
> 1 el crème fraîche
> salz, pfeffer

marzipan-pofesen

aus marzipan, orangenabrieb und orangenlikör orangenmarzipan rühren. briochebrötchen in 2 cm dicke scheiben schneiden, in jede der scheiben ein tascherl schneiden (nicht ganz durchschneiden) und mit orangenmarzipan füllen. obers mit eiern und vanillezucker versprudeln. darin die pofesen 5 minuten einweichen. anschließend mit dem löffel herausfischen und in einer pfanne in butter und öl langsam beidseitig braun backen. auf küchenrolle abtupfen und mit zimtzucker (staubzucker und zimt mischen) bestreuen.
sehr gut passt dazu orangensalat (siehe seite 166).
variante: anstelle mit marzipan kann man die pofesen auch mit nougat, powidl oder erdbeeren füllen.

> 4 briochebrötchen
> 100 g rohmarzipan
> orangenabrieb von einer orange, 2 cl orangenlikör
> 1/4 l obers
> 2 eier
> 20 g butter
> 1 el rapsöl
> 1 pk bourbon-vanillezucker, 1 el staubzucker, 1 tl zimtpulver

eierlikörtorte

eier mit vanillezucker, kristallzucker und zitronenschale schaumig rühren. öl und eierlikör wie bei einer mayonnaise ganz langsam unterrühren. erdäpfelstärke, mehl und backpulver versieben und in die masse einrühren. bei 180 grad 45 minuten im rohr backen. mit marillenmarmelade füllen, mit schlagobers einstreichen und mit dickem holländischem eierlikör übergießen. eventuell mit frischen veilchen garnieren.

> 5 eier
> 2 pk vanillezucker, 250 g kristallzucker
> abgeriebene zitronenschale
> 250 g öl
> 250 g eierlikör
> 120 g erdäpfelstärke, 120 g griffiges mehl, 1 pk backpulver
> 100 g marillenmarmelade
> 2 dl obers
> 1 dl dicker holländischer eierlikör

schneenockerln

das eiweiß mit dem kristallzucker schlagen (entweder mit einem mixer oder besser, aber anstrengender, mit dem schneebesen), wenn die masse beinahe steif ist, den staubzucker dazufügen und fertig schlagen. nockerln formen, in ein passendes gefäß setzen und im rohr im wasserbad bei 120 grad 10 minuten pochieren oder im dampfgarer bei 85 grad 35 minuten im dampf garen – auf diese art habe ich schon einmal 850 stück zubereitet.
dazu passt gut vanillesauce und vanilleeis, man kann die nockerln aber auch mit etwas feinem honig beträufelt auf einem salat aus frischen früchten oder mit beerenröster (siehe seite 167) servieren.

> 8 eiweiß
> 100 g kristallzucker
> 100 g staubzucker

gebackener weinviertler gupf
dieses rezept habe ich einfach aus spaniens „armen rittern" weiterentwickelt

obers, eier und vanillezucker mixen. gupf in acht spalten schneiden, in die obers-ei-masse tauchen, 10 minuten aufquellen und anweichen lassen. butter in teflonpfanne erhitzen, gupfspalten mit einem großen löffel einlegen, mit der restlichen flüssigkeit begießen. langsam auf allen seiten knusprig backen. beim anrichten mit zucker und eventuell etwas zimt bestreuen. nach belieben mit eingelegten beeren oder frischen früchten garnieren.

> 1 weinviertler gupf – leichter germauflauf, nur mit rosinen
> (zu bekommen beim anger-bäcker in schleinbach ... nicht alles gute kann man selbst machen, das „mitentwickeln" einer region macht spaß, denn wenn viele mittun, bewegt sich einiges.)
> ersatzweise 300 g pannetone, möglichst ohne kandierte fruchtstück-chen im inneren
> 1/4 l obers
> 2 eier
> 1 pk bourbon-vanillezucker
> 40 g butter
> zucker zum bestreuen, eventuell zimt

schneeballen

butter in flocken hacken, alle zutaten zu einem festeren, gut knetbaren teig verarbeiten (die festigkeit wird durch die beigabe von weißwein reguliert). teig 10 minuten kühl rasten lassen. danach auf einem bemehlten brett halbfinger-dick ausrollen und dreimal übereinander schlagen, wieder halbfingerdick aus-rollen. prozedur noch zweimal wiederholen. 1/2 stunde rasten lassen und anschließend messerrückendick ausrollen. 10 cm große vierecke ausradeln. in die vierecke werden vier einschnitte gemacht, ohne dass der teig an den rän-dern durchgeschnitten wird. durch die einschnitte zieht man einen kochlöffel-stiel, indem man abwechselnd ober und unter den einschnitten durchfädelt. anschließend „rafft" man das teigstück etwas zusammen und hält es mit dem kochlöffelstiel in das heiße fett. wenn der schneeballen angebacken ist, löst man ihn vom kochlöffelstiel. ballen auf beiden seiten goldgelb backen und je nach persönlicher vorliebe mit zucker bestreut servieren.

wer eine schneeballen-backform hat, tut sich etwas leichter: man legt eines der eingeschnittenen teigvierecke locker in die form und backt den schneeballen damit in so viel fett goldgelb, dass dieses über der form zusammensteht.

250 g griffiges mehl
3 dotter
1 ei
60 g butter
40 g zucker
1 el sauerrahm
1 spritzer rum
etwas weißwein
schweineschmalz, so, dass es geschmolzen 2 cm hoch in der pfanne steht (wer es leichter, dafür aber weniger original bevorzugt, nimmt öl zum backen)

hippenmasse

alle zutaten vermischen, bis der teig ganz glatt ist, dann 1 bis 2 stunden ziehen lassen. blech mit backtrennpapier belegen, masse mit der palette dünn aufstreichen. bei 180 grad ca. 4 minuten backen, auskühlen lassen, vom backpapier ziehen und in beliebig große stücke brechen.

variante: wer will, kann die am backpapier aufgestrichene masse mit mandel- oder haselnusssplittern verfeinern.

tipp: silikonmatten (man bekommt sie im guten fachhandel) erleichtern das backen und werden eines tages das backpapier verdrängen.

100 g glattes mehl
200 g flüssige butter
2 eiweiß
100 g zucker

polsterzipf

der schneeballenteig wird messerrückendick ausgerollt und in 10 cm große quadrate geradelt. die ränder mit etwas verschlagenem ei bestreichen. in die mitte der teigstücke wird 1 tl marmelade gesetzt. man schließt den teig so, dass eine dreieckige form entsteht, in der etwas luft eingeschlossen ist, und drückt die ränder gut aufeinander. auf beiden seiten in schmalz (oder öl) goldgelb backen, abtropfen und überzuckert servieren.

schneeballenteig (siehe seite 157)
schmalz oder öl zum backen
1 ei
100 g ribiselmarmelade

äpfel, birnen und co

äpfel

eva verführte mit einem apfel …

unser bibelforschender pfarrer zu obersdorf erklärte uns schon in der minis-
trantenstunde, dass man die bibel nicht zu wörtlich nehmen darf. es war sicher
kein granny smith, sondern ein granatapfel, denn die gabs dort in jener zeit,
wo die handlung vermutlich spielte. was lernen wir aus der geschichte? auf die
sorte kommt es an.

tausende male kletterten wir auf bäume. der lieblingsbaum ist der kirschen-
baum, technisch leicht zu erklimmen und mit der feinsten belohnung fürs klet-
tern. im weinviertel gibt es erst seit maria theresia kirschenbäume.

mein onkel franz fuhr jedes jahr im herbst mit rucksäcken bewaffnet mit dem
zug in die steiermark und holte dort äpfel für die ganze familie. um im winter
auf diese leckeren vitamine nicht verzichten zu müssen, wurden die äpfel im
schlafzimmer auf dem kleiderkasten gelagert. jeden tag bekam ich einen mit
schmalzbrot begleitet in die schule mit. „grindraneder", schiache haut außen,
fast wie leder, aber ein duft und geschmack – unvergessen.

zum glück gibt es heute eine gegenbewegung zur vereinheitlichung und wir
müssen nur mehr ein bisschen warten, bis die alten sorten wieder tragen. und
sie aber dann auch kaufen, wenn sie nicht so hübsch wie die aus holland aussehen. als ich in japan zum ersten mal eine nashi (apfel-birne, irgendwie nicht
fisch, nicht fleisch, haut wie alexanderbirne, biss wie birne, form wie apfel, als
frucht bei uns nicht wirklich wichtig) zwischen die finger bekam glaubte ich
meinen augen nicht zu trauen. im mund eine ideale frucht für die wüste, alles
leicht schmeckendes wasser. die ohren rollten sich erst zusammen bei den
„geschenksapfelpreisen", die wunderschön aussehen, hervorragend mit viel
geschmack verpackt (mehr geschmack als der apfel selbst) sind und die man
als mitbringsel verschenkt. da in japan eine gut eingerichtete wohnung sehr
puristisch anmutet und nicht mit kleinigkeiten aus drei jahrzehnten – ge-
schenke marke wichtig, unwichtig, schön, hässlich und liebenswert – vollge-
stopft ist, isst man dort nicht nur wale, sondern am liebsten auch die geschen-
ke auf … ich liebe japan, schon wegen der gegensätzlichkeiten!

apfelpalatschinken

ideal für dieses rezept sind äpfel mit möglichst viel säure, beispielsweise reinetten, elstar oder boskoop. einen apfel waschen, das kerngehäuse ausstechen, den ungeschälten apfel mit der aufschnittmaschine in dünne scheiben schneiden und in ein wenig butter in der teflonpfanne anbraten. mit braunem zucker bestreuen und mit relativ wenig dünnem palatschinkenteig (siehe seite 153 – in diesem fall natürlich ohne die angegebenen kräuter; wer auch beim süßen kräuter liebt, kann etwas gehackte minze einrühren) übergießen und beidseitig herausbacken. auf einem mit apfelschnaps abgeschmeckten apfelmus mit etwas zimtzucker bestreut servieren.

apfelmus

6 äpfel schälen, entkernen und in stücke schneiden. mit 1/4 l weinviertler grünem veltliner, einer prise salz und einem stück zimtrinde weich dämpfen. stabmixen und mit 2 el honig nach geschmack süßen. mit apfelschnaps abrunden, heiß oder kalt servieren. mit sauerrahm vermischt als apfelsauce verwenden oder gefroren als parfait.

apfel- oder birnenspalten gebacken

schlicht bei oma gegessen: die spalten in palatschinkenteig tauchen. in der pfanne in schmalz oder butter beidseitig herausbacken. mit zitronensaft beträufelt und mit normal-kristallzucker bestreut servieren. genauso machte sie auch die „hollablia"-hollunderblüten: hollerblüten werden in palatschinkenteig getaucht, in der pfanne herausgebacken, mit zitronensaft beträufelt und mit kristallzucker bestreut; und die

apfelspatzen

warmes apfelmus auf den teller und darauf frisch gekochte wasserspatzen (= nockerln; siehe seite 112), in butter mit kristallzucker und bröseln geröstet.

eingemachte schwarze nüsse

die nüsse mit einer gabel rundherum einstechen und 8 bis 10 tage wässern. das wasser täglich wechseln. danach wasser, zucker und essig aufkochen und die nüsse darin garen. wenn man sie mit einer gabel ansticht und sie fallen leicht herunter, sind sie fertig. heiß in einmachgläser füllen, kochend heiße flüssigkeit darüber leeren und verschließen.

schwarze nüsse passen hervorragend zu wildgerichten.

500 g grüne walnüsse (die schale muss noch weich sein)
1 l wasser
500 g zucker
1/2 l apfelessig

essigzwetschken

zutaten aufkochen und über die zwetschken leeren. am folgenden tag marinade abgießen, erneut aufkochen und über die zwetschken leeren. vorgang am dritten tag wiederholen, diesmal jedoch zwetschken in verschließbare vorratsgläser legen, mit der kochenden marinade überschütten und verschließen.

fein zu geflügel, wildgeflügel oder wild.

1000 g zwetschken
1/4 l wasser
1/8 l essig
250 g zucker
3 stangen zimt, 10 neugewürzkörner, 10 nelken

maroni-nockerln

eier versprudeln, dann alle zutaten gut verrühren. kleine nockerln formen und in kochendem salzwasser gar ziehen lassen.

sie passen gut in alle klaren suppen, aber auch als ergänzung in wildsaucen.

500 g mascarpone
500 g maronimehl
100 g weizengrieß
50 g schmalz
6 eier
salz

eingelegte zitronen

zitronen in kochendem wasser blanchieren. alle zutaten mit 2 1/2 l wasser aufkochen lassen, die zitronen in die heiße marinade einlegen, in ein großes glas
schlichten, marinade noch einmal aufkochen, darüber leeren und das glas verschließen.
schmecken zu fisch, huhn, lamm und vielen desserts.

> 2 1/2 l wasser
> 250 g kristallzucker
> 250 g meersalz
> 10 bio-zitronen
> 5 nelken
> 5 pfefferkörner
> 5 korianderkörner oder frischer koriander

maroni-wandl

gelatine einweichen. dotter mit apfelsaft über dampf mit dem schneebesen
schaumig schlagen („au bain marie", das heißt über einem gefäß mit heißem
wasser.). wenn die masse noch heiß genug ist, die gelatine darin zergehen lassen, weiterschlagen, von der hitze nehmen und kalt schlagen. schokolade bre-
chen und entweder im wasserbad oder in der mikrowelle bei halber leistung ca.
2 minuten schmelzen. maroni, rum und schokolade untermischen, danach
geschlagenes obers vorsichtig unterziehen.
wandl (terrinenform) mit einigen tropfen wasser bespritzen, mit klarsichtfolie
auskleiden. maroni-mousse einfüllen und mindestens einige stunden kühl stellen. danach stürzen, folie abziehen und vorsichtig in scheiben schneiden.
dazu passen gut diverse fruchtsaucen (siehe in diesem kapitel) oder eine scho-
kosauce (siehe seite 183).

> 350 g maroni-püree (kein süßes verwenden, man erzeugt es entwe-
> der selbst aus gekochten und pürierten maroni oder man bekommt
> es tiefgefroren zu kaufen)
> 1/2 l obers
> 100 g milchschokolade
> 4 blatt gelatine
> 8 dotter
> 4 cl rum
> 1/8 l apfelsaft

birne, pfefferoni und bauerntopfen

haben sie keine angst vor dem pfefferoni, schärfe kann bei relativ mildem obst zu neuen geschmacksebenen führen, auch himbeeren und chili sind zusammen geschmacklich eine sensation: zum beispiel als sorbet oder espuma.

birnen mit zitrone und gewürzen marinieren, im wein einige minuten fast weich kochen. birnen herausnehmen, fond reduzieren, überkühlte birnen mit topfen füllen. den fond mit honig nach geschmack süßen, beim anrichten die birnen mit dem fond überziehen („nappieren"). mit frischer minze und mit knusprigen mandelhippen servieren.
sehr gut passt vanille-, apfel- oder zitroneneis dazu.

> 4 birnen schälen, kerngehäuse ausstechen
> 1/4 l weinviertler grüner veltliner (ein etwas kräftiger typ, z. b. ein dac wein)
> zeste und saft einer zitrone
> 1 frischer roter, fein geschnittener pfefferoni
> 2 bis 3 el honig
> 1 tl kardamom
> ca. 150 g bauerntopfen (mit lab zubereitet, der ist milder, fast süßlich, mit einer prise salz abschmecken)

fruchtmousse

(sie entscheiden je nach jahreszeit und nach persönlichem gusto, ob es ein erd-
beermousse, ein birnenmousse oder ein weinviertlerisches weingartenpfirsich-
mousse wird ...)

gelatine in wasser einweichen und ausdrücken. milch mit 100 g zucker aufkochen, in der heißen milch gelatine zergehen lassen. obers mit 50 g zucker
schlagen. das fruchtmark (bei fast allen früchten reicht es, sie roh oder etwas
überkocht zu pürieren. ananas werden in möglichst kleine stücke geschnitten.)
und die milch-gelatine vorsichtig einrühren. das mousse in eine schüssel füllen, einige stunden durchkühlen lassen, danach mit einem löffel nockerln ausstechen oder mit einem eisportionierer halbkugeln formen.

tipp: wenn sie den löffel oder den eisportionierer in heißes wasser tauchen, löst
sich das mousse ganz leicht.

gut passt es, wenn das fruchtmousse auf der gleichen oder einer geschmacklich
harmonierenden fruchtsauce angerichtet wird. für diese wird das pürierte
fruchtmark mit etwas zucker oder honig und eventuell einem entsprechenden
likör oder fruchtsaft abgeschmeckt.

>   1/2 l obers
>   150 g zucker
>   250 g fruchtmark
>   1/16 l milch oder passender fruchtsaft
>   7 blatt gelatine

quittenmousse in grillage mit nougatsauce

quitten schälen, in kleine stücke schneiden, mit zucker, zimt und zitrone weich kochen. 8 dünne spalten zum dekorieren zurücklassen, 4 el quittensaft zur seite geben, den rest stabmixen. gelatine einweichen, danach ausdrücken und in die noch heiße quittenmasse einrühren. dotter mit dem schneebesen in einem schneekessel über dunst mit etwas quittensaft aufschlagen. danach vom warmen wasser nehmen und weiterschlagen, bis die dottermasse überkühlt ist. mit dem obers und der quittenmasse vermischen. terrinen oder andere formen mit einigen tropfen wasser befeuchten, mit frischhaltefolie auskleiden. masse einfüllen und kalt stellen. grillage zerhacken und damit das quittenmousse panieren. aufschneiden, mit quittenspalten und nougatsauce servieren.

> 1000 g quitten
> 100 g kristallzucker
> saft einer zitrone, 1 zimtstange
> 6 blatt gelatine
> 6 dotter
> 1/4 l obers
> grillage aus haselnüssen (siehe seite 26 oben)
> nougatsauce (siehe seite 186)

orangensalat

3 orangen filetieren, also mit dem messer die schale abschneiden, zwischen den segmenten das fruchtfleisch herausschneiden. den saft von 1 orange darüber pressen, mit etwas honig süßen, mit etwas orangenlikör verfeinern.

marillenröster

kristallzucker in einer pfanne vorsichtig erhitzen und hellbraun karamellisieren. mit weißwein ablöschen, den zucker vollständig lösen. marillen entkernen und halbieren, in der flüssigkeit unter ständigem rühren aufkochen lassen. marillensaft zufügen, noch einmal aufkochen lassen und sofort von der hitze nehmen.

> 100 g kristallzucker
> 1/4 l weißwein
> 1/8 l marillensaft (ersatzweise orangensaft)
> 1 kg marillen

himbeerragout

orangensaft bis auf einen kleinen rest mit dem zucker und der zimtstange aufkochen. restlichen orangensaft mit dem vanillepuddingpulver glatt rühren,
danach in den saft rühren. aufkochen lassen. himbeeren (wenn es sich um
aufgetaute handelt, ist es besser, sie sind noch halb gefroren) dazu, einmal aufkochen lassen und sofort von der hitze nehmen. wer will, kann das ragout mit
etwas himbeerlikör oder himbeerschnaps „alkoholisieren". noch warm oder
gekühlt mit diversen desserts oder eis servieren.

> 250 g himbeeren (auch tiefgefroren)
> 1/4 l orangensaft
> 50 g kristallzucker (wer es süß mag, nimmt einfach mehr)
> 1 el vanillepuddingpulver
> 1 stange zimt

bunter beerenröster

die tiefgekühlten beeren in einem sieb auftauen, den saft auffangen und (bis
auf einen kleinen rest) gemeinsam mit dem rotwein aufkochen. mit vanillezucker süßen (wer es lieber richtig süß hat, der gibt noch je nach geschmack
mehr oder weniger kristallzucker dazu). puddingpulver mit ein wenig kaltem
saft glatt rühren, danach der heißen wein-saft-mischung beifügen und alles
kurz aufkochen lassen. die beeren unter den kochenden saft mischen. bis zum
servieren im kühlschrank kalt stellen.
der beerenröster ist auch eine wundervolle ergänzung zu vanilleeis.
tipp: den zucker karamellisiert dazugeben erhöht das geschmackserlebnis.

> 250 g gemischte beeren, tiefgekühlt
> 150 g beeren der saison
> 1/8 l rotwein
> 1 el vanillepuddingpulver
> 1 pk bourbon-vanillezucker
> kristallzucker nach geschmack

hollerkoch

die zutaten hat immer oma zusammen„geraubert", das war ein nachmittags-spaziergang mit beute ...

äpfel und/oder birnen in grobe würfel schneiden, zwetschken entkernen und vierteln, gemeinsam mit holler, gelierzucker, vanillezucker, nelken und zimt auf-kochen. wer will, kann das koch noch mit etwas hollerschnaps oder inländer-rum parfümieren. man kann es aber auch mit vanillepuddingpulver abziehen. früher wurde das mit 1 el mehl, verrührt mit kaltem wein, gemacht. weil es sehr pappig war, wurde es auch „koch" genannt, denn köche hatten dick zu sein: von der figur wurde auf die güte ihres kochens geschlossen.
warm (zum beispiel mit marzipan-pofesen, siehe seite 155) oder kalt (zum bei-spiel mit schneenockerln, siehe seite 156) servieren.

> 500 g holler, abgerebelt (oder für die eiligen aus dem gut sortierten tiefkühlregal)
> 10 zwetschken
> 2 äpfel und/oder 2 birnen (kann ruhig fallobst, nur nicht faulig sein)
> 50 g 3:1 gelierzucker
> 1 pk bourbon-vanillezucker
> 8 nelken, 1 stange zimt

apfelkuchen

trockengerm mit dem mehl sieben und mit eiern und 200 g zucker vermengen. eine prise salz dazu, mit dem reibeisen die eiskalte butter in flocken reißen und rasch einkneten. teig ca. 1 stunde rasten lassen. äpfel schälen, in feine scheiben schneiden, mit dem restlichen zucker, zimt und rosinen vermischen. teig ausrol-len, den boden einer teflonbeschichteten obstkuchenform (tarte-form) damit auslegen, den rand hochdrücken. apfelmischung einfüllen, mit dem restlichen teig bedecken. im vorgeheizten backrohr bei 200 grad ca. 45 minuten backen.

> 1000 g saure äpfel
> 100 g rosinen
> 400 g griffiges mehl
> 15 g trockengerm
> 250 g butter
> 300 g kristallzucker
> 1 tl gemahlener zimt
> 3 eier
> 1 prise salz

gebackene feigen auf beerenröster

feigen von der spitze weg mit einem scharfen messer kreuzförmig einschneiden, schale halb wegziehen, aber nicht durchschneiden. ei, mehl, vanillezucker, backpulver und eine prise salz mit dem schneebesen verrühren, zum schluss so viel milch einarbeiten, dass ein dickflüssiger backteig entsteht. in einer pfanne 4 cm hoch öl erhitzen, feigen in den teig tauchen, ins öl legen und knusprig backen. auf beerenröster mit kardamomstaubzucker bestreut servieren.

   8 blaue herbstfeigen
   beerenröster (siehe seite 167)
   1 ei
   4 el glattes mehl
   1/2 pk bourbon-vanillezucker
   ca. 1/8 l milch
   1 messerspitze backpulver
   öl zum herausbacken
   1 prise salz

sturm-grießflammeri

gelatine einweichen. sturm aufkochen lassen, grieß einrühren, sodass er keine klümpchen macht. trauben oder rosinen, safran, vanillezucker dazugeben, ca. 4 minuten leicht kochen lassen. am ende die gelatine einrühren. überkühlen lassen, dotter einrühren. das halb geschlagene obers unterheben. in förmchen oder in tassen füllen und mit diversen fruchtsaucen servieren (siehe kapitel „äpfel, birnen und co").

   1/2 l sturm (ersatzweise weißwein)
   80 g weizen- oder polentagrieß
   3 dotter
   1/2 l obers
   100 g kernlose, abgerebelte trauben oder 50 g rosinen
   1 pk bourbon-vanillezucker
   6 blatt gelatine
   einige safranfäden

coruba-rum-beeren

zucker in der butter dunkel karamellisieren, beeren dazugeben und mit rum flambieren. mit traubensaft ablöschen, reduzieren und mit vanillepuddingpulver leicht dickziehen.

tipp: das gleiche rezept ohne beeren mit 3 geschnittenen bananen und dem saft einer zitrone schmeckt hervorragend in palatschinken als kleines, schnelles, süßes mittagessen. für kinder lassen sie den alkohol weg, obwohl er eigentlich bei 78 grad verdampft.

50 g brauner zucker

1/8 l brauner coruba-rum

250 g oder 1 pk tiefgekühlte beerenmischung

eine hand voll frische beeren der saison zum garnieren

1/4 l blauer traubensaft

30 g butter

topfen
und anderer
käse

topfen

die bauern, die ihre über-milch brav an die molkerei um einen spottpreis lie-fern, werden weniger. die jungen sehen eine neue chance in der direktvermark-tung von einfachen produkten wie topfen, joghurt oder frischkäse. wir, die wir einkaufen, müssen einfach die etwas weiteren wege in kauf nehmen, um zu den oft besseren und interessanteren produkten zu gelangen.

nie werde ich vergessen, wie schwierig es war, beim ersten mal milch aus einer kuh hervorzubringen. man hat später große achtung vor lebensmitteln, wenn man bei der entstehung dabei war.

goudakäse, im kleinen produziert, lernte ich durch meinen holländischen schwiegervater, im bürgerlichen beruf zahnarzt, kennen. statt zu warten, bis die betäubungsspritze bei einem patienten wirkt, vertrieb er sich die zeit mit dem nächsten schritt bei der käseerzeugung. für beides, fürs käsemachen wie fürs zähnereparieren, braucht man absolute sauberkeit, deshalb gibt es da auch keine unvereinbarkeit. durch ihn lernte ich auch die interessanten gestal-tungsmöglichkeiten dieses bei uns oft als „plastik" abgetanen käses kennen, den er einmal mit kreuzkümmel, einmal mit eingeweichten gewürznelken, im frühjahr mit gehackten brennnesseln verfeinerte. im mai ist die milch anders, das ist dann der „maikaas", im august gab er blühenden thymian dazu und im herbst nüsse oder oregano, dazwischen einmal pfeffer oder curry. so hatte er spaß, für seine freunde immer ein besonderes geschenk und nie absatzschwie-rigkeiten.

diese kreativität wünsche ich auch unseren bauern. es ist nicht einfach, sich zu besonderem zu motivieren, wenn man gleichzeitig „bodenständig" sein will. fürs käsemachen müsste man ein bisschen reisen, es nützt nichts, wenns der kammerfunktionär für einen tut, man muss die topprodukte vor ort kennen lernen und mit den menschen, die sie produzieren, reden. nur so kommt ehr-geiz auf.

wir haben bessere skifahrer als frankreich, italien, die schweiz, holland und ganz deutschland zusammen, viel milch – und sind trotzdem nur beim bergkäs spitze ... da gäbe es noch viele chancen für findige bauern ...

marillen-topfen-wandl

marillen entkernen, halbieren und in weißwein mit gelierzucker und zimt kurz aufkochen (wer will, kann einen spritzer marillenschnaps dazugeben), zur seite stellen. gelatine einweichen, ausdrücken und in etwas vom noch heißen marillengelee auflösen. mit topfen, dotter und zucker mit dem mixer aufschlagen. eiweiß zu schnee schlagen, vorsichtig darunter mengen. ein „wandl" (eine terrinenform) mit einigen tropfen wasser besprühen und mit klarsichtfolie auslegen. die waffeln auflegen und mit dem marillenschnaps großzügig beträufeln. boden und wände des wandls mit den waffeln auslegen, darauf etwas vom marillengelee verteilen. die hälfte der topfenmasse einfüllen, dann wieder eine lage waffeln, darauf etwas vom gelee verteilen, mit der restlichen topfenmasse auffüllen. die restlichen waffeln auflegen und darauf die halbierten marillen mit der runden seite nach oben dicht nebeneinander setzen. für einige stunden kühlen, dann vorsichtig aus der form heben und aufschneiden.

ergänzen sie dieses dessert zum beispiel mit marillenröster (siehe seite 166).

> 500 g bauerntopfen (ersatzweise den im supermarkt erhältlichen mit 20%)
> 300 g marillen
> 300 g waffeln (gibt es im supermarkt, oder aber man backt sie mit einem waffeleisen selbst)
> marillenschnaps
> zucker
> eier
> 6 blatt gelatine
> 1/2 l weißwein
> 100 g 1:3 gelierzucker
> 1 stange zimt

panierte bauerntopfennockerln mit berberitzen

rosinen oder berberitzen in 1/4 l traubensaft kochen, bis der saft einreduziert und die früchte wieder vollgesogen sind. weißbrot in milch einweichen, in einer schüssel mit allen zutaten vermengen. masse eine halbe stunde rasten lassen, danach zu knöderln oder zu länglichen nockerln formen, panieren und in einer pfanne mit 3 cm hoch öl knusprig backen.

auf einer fruchtsauce mit dickgesogenen vanilleweichseln (saft von kompottweichseln mit vanillepuddingpulver abziehen) servieren.

tipp: diese nockerln lassen sich auch gut tiefkühlen. man setzt sie mit etwas abstand auf einen mit klarsichtfolie belegten teller oder ein kleines blech und lässt sie so im tiefkühler durchfrieren. anschließend die nockerln in ein passendes gefäß füllen, damit man sie auch einzeln entnehmen kann.

150 g semmeln oder weißbrot abgerindet
1/8 l milch zum befeuchten
1/4 l traubensaft
500 g topfen
50 g kristallzucker
100 g rosinen oder berberitzen
orangenschale von einer orange (zeste)
100 g grieß
haferflocken nur nach bedarf, falls die masse zu feucht ist
8 eier
mehl, ei, brösel zum panieren
öl zum herausbacken

kümmel-kas

(außerhalb des weinviertels liptauer oder topfenkäse genannt)

ich war 1977 in djakarta, wo wir damals einen wiener opernball veranstalteten. der dortige küchenchef sagte: „bitte mach dein gulasch etwas dicker, damit den gästen am buffet der apfelstrudel nicht versinkt." süß-sauer-scharf: das lieben die indonesier. und am buffet, da ist sich jeder selbst der nächste, das ist bis heute so geblieben.

butter aus dem kühlschrank legen, sodass sie leichter zu verarbeiten ist. schalotte, gurkerl und sardellenfilet fein hacken. mit topfen, butter und 1 el gurkerlwasser vermengen (am einfachsten geht das mit dem mixer). vorsichtig mit paprikapulver, salz und cayennepfeffer (je mehr man davon nimmt, desto schärfer wird der kas) abschmecken, eventuell mit etwas mehr vom gurkerlwasser cremiger machen.

variationen sind ganz leicht möglich. zum beispiel: topfen, reichlich basilikum, salz, sauerrahm und fertig – aber mit 3 el ketchup aufgeschlagen schmeckt es kindern doppelt so gut. das macht der so genannte common food, der „bekannte geschmack".

nun auf chic fernöstlich: topfen, crème fraîche, sambal oelek, ketjap manis (süße sojasauce), frisch geschabter ingwer, etwas salz und für mutige etwas trassi (garnelenpaste).

    250 g bauerntopfen (oder einen aus dem supermarkt mit 20% fett)
    100 g butter
    1 schalotte
    1 tl kümmel
    15 kapern
    1 großes essiggurkerl
    1 tl englischer senf
    1 sardellenfilet oder 1 tl sardellenpaste
    etwas gurkerlwasser
    paprikapulver edelsüß
    salz, cayennepfeffer oder ein frisch gehackter pfefferoni

käse mit apfel-balsamico-haselnüssen

käse rechtzeitig (je nach sorte 1 bis 2 stunden) aus dem kühlschrank nehmen und zimmerwarm werden lassen. kristallzucker in einer sauteuse schmelzen, haselnüsse beifügen und beides gemeinsam braun karamellisieren. mit apfelsaft und balsamico aufgießen, glatt rühren. diese haselnüsse halten im kühlschrank auch ein, zwei wochen.

apfel entkernen und mit der schale in dünne scheiben schneiden (am besten mit der wurstschneidemaschine), danach mit zitrone abreiben (so verhindert man, dass die apfelstücke braun werden). mit dem käse und einem häufchen haselnüsse pro teller anrichten.

tipp: sehen sie sich in den bauernläden ihrer umgebung um: österreichische käsesorten schmecken hervorragend – vorausgesetzt, man achtet darauf, dass sie reif genug sind. lassen sie käse einfach selbst in küche und kühlschrank nachreifen.

> käse nach wahl
> 250 g haselnüsse
> 100 g kristallzucker
> 1/8 l apfelsaft
> 1/16 l balsamico-essig
> 1 säuerlicher apfel
> 1 zitrone

karamellisierter schafskäse

ein kleines blech oder eine andere flache form mit olivenöl auspinseln, schafskäsegupferln in der mitte zu zwei flacheren gupferln durchschneiden, aufsetzen, mit jeweils 1 el kristallzucker bestreuen. unter dem griller den zucker schmelzen lassen, bis er eine knusprige braune schicht bildet.

tipp: kochfreaks, die einen karamelliseur zu hause haben, können ihn endlich einmal einsetzen, aber auch eine lötlampe bringt ein passables ergebnis.

wer mehr vom karamellgeschmack liebt, kann das gupferl mit einer einfachen karamellsauce servieren.

> 2 (ca. 300 g) schafskäsegupferln oder mischmilchfrischkäse
> 2 el olivenöl
> 4 el kristallzucker

karamellsauce

kristallzucker und vanillezucker in einer sauteuse (stielpfanne) vorsichtig
schmelzen und karamellisieren lassen, bis er mittelbraun ist. obers einrühren
und so lange rühren, bis eine glatte sauce entstanden ist. eventuell mit zitrone
oder essig abschmecken.

> 100 g kristallzucker
> 1 pk bourbon-vanillezucker
> 1/4 l obers

ziegenkäse überbacken

brotscheiben in vier dreiecke teilen, ziegenkäse darauf verteilen. salat waschen,
trockenschleudern. aus essig, öl, salz und pfeffer eine marinade rühren. ziegen-
käsbrote unter dem griller überbacken. auf dem marinierten salat anrichten.
mit pfeffer vollenden.

> 4 scheiben saftiges schwarzbrot
> 200 g ziegenfrischkäse
> 100 g gartenrauke
> 2 cl apfelbalsam-essig
> 4 cl olivenöl
> salz, pfeffer

schafskäse-„pinkerl"

schafskäse in 2 cm große würfel schneiden. mit zerdrücktem knoblauch, 2 el olivenöl, rosmarin, thymian, salz und pfeffer marinieren. strudelteig auslegen und in 10 cm große quadrate schneiden. jeweils einen marinierten würfel in ein quadrat legen, den strudelteig wie ein pinkerl (ein in ein tuch gebundenes paket) oben zusammenraffen und mit einem schnittlauchhalm abbinden. blech mit öl bepinseln, pinkerl darauf setzen, vorsichtig mit etwas öl bepinseln. im vorgeheizten rohr bei 180 grad 15 minuten knusprig backen.

entweder als kleines vorgericht „pur" servieren oder auf einen marinierten blattsalat ihrer wahl setzen. gut macht sich dazu auch eine paradeisermarinade (siehe seite 29).

tipp: klassischer strudelteig wird, um ihn knusprig zu machen, immer mit öl bepinselt. verschlagenes ei hingegen verwendet man für mürbe strudelteige, das gibt einen satten, gelblichen glanz.

> 200 g österreichischer schafskäse (weiß und schnittfest)
> 50 g strudelteig
> 1 zehe knoblauch
> 1 tl gehackter frischer rosmarin
> 1 tl gehackter frischer thymian
> 4 el olivenöl
> 1 bund schnittlauch
> salz, pfeffer

österkron-mousse

österkron in würfel schneiden und gemeinsam mit dem süßwein und der crème fraîche mit dem mixstab oder im cutter pürieren. eine stunde rasten lassen. mit einem esslöffel nockerln formen. entweder gemeinsam mit anderen käsesorten oder für sich allein (den teller mit etwas buntem pfeffer aus der mühle bestreuen) servieren.

alle, die das mousse noch leichter und weniger intensiv im geschmack haben wollen, können es zum schluss mit geschlagenem obers vorsichtig verrühren.

variante: ergänzen sie das mousse mit einer einfachen kalten weinsauce. dazu mixen sie etwas vom verwendeten süßwein mit crème fraîche, schmecken mit pfeffer und eventuell etwas abgeriebener zitronenschale („zeste") ab.

tipp: sehr fein schmeckt dieses mousse auch, wenn sie es mit roquefort zubereiten.

150 g österkron (ersatzweise ein anderer schimmelkäse)
6 cl süßwein (trockenbeerenauslese oder eiswein), z. b. vom weinrieder aus kleinhadersdorf bei poysdorf
150 g crème fraîche
eventuell 1/8 l obers

holländischer käs, handgemacht
unser familienkäs, frei nach meinem holländischen schwiegervater

milch und buttermilch auf 29 grad erhitzen. pro liter vier tropfen lab einrühren. nach ungefähr einer 3/4 stunde ist die milch gestockt. dann schneidet man das ganze mit einem langen messer auf erbsengröße, lässt die masse 1/4 stunde stehen und entfernt anschließend ca. 3 1/2 l molke. den rest wieder erhitzen, diesmal auf 32 grad. 1/4 stunde ruhen lassen. 2 1/2 l molke entfernen, rest auf 36 grad erhitzen. wieder 1/4 stunde ruhen lassen und danach so viel molke wie möglich abgießen. am besten gelingt es, wenn man gegen ende den schöpfer über ein sieb hält, in dem die festen käseanteile aufgefangen und wieder zur käsemasse zurückgegeben werden können. die käsemasse jetzt in ein käsefass (ersatzweise ein ca. 2 l fassendes gefäß mit ausreichend vielen schlitzen, sodass die überzählige flüssigkeit abrinnen kann) füllen, deckel drauf, umdrehen und eine halbe stunde stehen lassen. den käse herausnehmen und käsetuch ins fass legen. die masse hineingeben, deckel drauf und unter eine käsepresse mit 2,5 kilo gewicht stellen (wer keine käsepresse hat – man bekommt sie im fachhandel inzwischen auch in österreich –, der beschwert den käse mit demselben gewicht in form eines ziegelsteins o. ä.). nach einer halben stunde den käse umdrehen und wieder unter die presse stellen, jetzt mit 5 kg gewicht. nach 3 1/2 stunden ist der pressvorgang beendet. das käsetuch wegnehmen und den laib 10 stunden im fass aufheben. dann für ca. 10 bis 12 stunden in eine 20%ige salzlösung legen. anschließend mit sonnenblumenöl oder einem anderen öl gut einreiben und kühl stellen (im kühlschrank oder besser noch in der guten alten speisekammer, die allerdings nicht über 10 grad haben sollte). die ersten 14 tage den käse täglich drehen und wenn nötig die ölschicht ergänzen. nach ca. 4 wochen ist der junge gouda fertig.

tipp: wer käse lieber ganz jung und noch weiß mag, sollte diesen käse bereits nach zwei, drei tagen probieren!

varianten: man kann die käsemasse übrigens auch unterschiedlich würzen: zum beispiel mit einer pfeffermischung, mit knoblauch, petersilie, kümmel oder – wie in holland weit verbreitet – mit brennnesselblättern. die würze wird eingerührt, nachdem die letzte molke entfernt worden ist.

> 10 l rohmilch vom bauern
> 200 ml buttermilch
> lab-ferment (bekommt man auf bestellung in der apotheke)

schokolade
und was man
daraus machen kann

schokolade

es „depressiert": her mit der schokolade ...

einst, vor kolumbus, wurde damit bezahlt. später darum gekämpft. heute ist so viel und so viel verschiedene schokolade am markt, man muss nicht einmal im supermarkt darum raufen. trotzdem: herrlich die zeit, wo wir als kids nikolo und krampus ins fenster stellten, sozusagen in die auslage, um zu zeigen, wie viel wir davon hatten. meist waren die figuren von hinten fast ausgegessen und standen nur mehr durch das stanniolpapier gestützt. die osterhasen hatten es noch schwerer, denen wurde es zwischen den scheiben zu warm, die wanderten meist direkt in den samstagabend-kakao.

belohnung hatte schon immer einen namen: schokolade. meine geburtstagstorte der jahre null bis acht war immer eine auerwaffel-torte, gefüllt mit margarinisierter kochschokolade. ich bin meiner mutter nicht böse, backen hat sie meist vermieden und kohle war höchstens zum heizen da.

man muss nicht mit valrohna, dem französischen schokolade-rolls-royce, aufwachsen. es reicht, wenn man in die welt des geschmacks langsam hineinwächst. man hat dann länger was davon und kann so blödheiten wie 99% kakao in der schokolade gelassener sehen, ist eher nicht von der partie „das hatten wir doch irgendwo und irgendwann schon einmal besser gegessen" ...

genuss und innere zufriedenheit haben mit dem gefühl schokolade-essen zu tun. man sagt doch auch „auf die schokoladenseite gefallen" und meint gutes damit. endorphine braucht der mensch zum lustig- und listigsein, schokolade bringt das mit, ob bitter, milch, nuss, weiß oder negerbrot (schwarzafrikaner-schokolade) mit aschantinüssen – ich mag sie alle in saucen, aufläufen, hauchdünn gut gekühlt, als eis oder parfait, mit espresso nachgebittert oder mit kaluah angereichert, mit rum geschwängert oder über bandnudeln.

man mag schokolade oder man hasst sie. manche, so sagt man, werden sogar dick davon. das glaube ich nicht, das kann man der schokolade nicht antun!

mini-mohr im hemd mit schlagobers und schokoladesauce

butter mit der hälfte des zuckers und den dottern schaumig rühren. kuvertüre über wasserdampf oder in der mikrowelle (halbe leistung, rund 2 minuten) verflüssigen, einrühren. eiweiß mit dem restlichen zucker zu einem festen schnee schlagen. brösel und haselnüsse vorsichtig unterheben. die masse in mit butter ausgeschmierte und mit kristallzucker bestäubte mokkatassen füllen und bei ca. 140 grad im wasserbad im backrohr garen. dazu stellt man die tassen auf ein tiefes backblech, das 3 cm hoch mit wasser gefüllt ist.

heiß stürzen und mit halbgeschlagenem obers servieren. sehr gut schmeckt es auch, wenn man den mini-mohr mit schokoladesauce überzieht.

> 100 g butter
> 5 eier
> 100 g geriebene haselnüsse
> 100 g kristallzucker
> 50 g semmelbrösel
> 100 g kuvertüre (bittere kochschokolade)

schokoladesauce

schokolade im wasserbad oder in der mikrowelle bei halber leistung rund 2 minuten schmelzen. obers vorsichtig erhitzen, warme schokolade einrühren, sauce fast bis zum kochen bringen, rum beifügen, gut durchschlagen.

tipp: je nachdem, welchen alkohol sie verwenden, verändert sich diese sauce stark. probieren sie einmal braunen meyers-rum, kirschrum oder amaretto di saronno mandellikör, auch himbeer- und marillenschnaps geben interessante geschmacksnuancen!

> 1/4 l obers
> 150 g dunkle schokolade
> 4 cl rum

ganz dunkles schokolademousse

butter zimmerwarm werden lassen. gelatine einweichen. dotter, zucker und prise salz über dunst mit einem schneebesen schaumig schlagen (nehmen sie einen schneekessel und stellen sie ihn über kochendes wasser). wenn die masse warm genug ist, gelatine beifügen und darin auflösen. anschließend kalt schlagen (also schlagen, bis die masse nicht mehr warm ist). neskaffee in etwas wasser verrühren. schokolade im wasserbad (oder in der mikrowelle bei halber leistung rund 2 minuten) weich werden lassen. danach schokolade, warme butter, neskaffee und cognac glatt rühren. mit der dottermasse vermengen. vier eiklar zu schnee schlagen, vorsichtig unterrühren.

entweder kastenform mit einigen tropfen wasser besprühen und mit klarsicht-folie glatt auslegen. schokomousse einfüllen und einige stunden durchkühlen lassen. vorsichtig stürzen, folie entfernen und aufschneiden. oder man füllt das mousse in eine schüssel, kühlt es und sticht beim servieren mit dem löffel schöne nockerln aus.

> 7 dotter
> 70 g zucker
> 1 prise salz
> 250 g ganz dunkle schokolade (sie sollte 70% kakaobestandteile haben)
> 4 cl cognac
> 170 g butter
> 1 tl neskaffee
> 2 blatt gelatine
> 4 eiklar

schoko-flammeri

schokolade im wasserbad oder in der mikrowelle bei halber leistung ca. 2 minuten schmelzen lassen. gelatine einweichen. stärke und dotter mit etwas milch glatt rühren. restliche milch mit dem vanillezucker aufkochen, die schokolade einrühren, von der hitze nehmen und die stärke-dotter-mischung einrühren. zuletzt die gelatine beifügen.

pudding-förmchen mit kaltem wasser ausspülen und die schokomasse einfüllen. die masse lässt sich aber auch in eine bomben-form füllen (man sollte sie zur sicherheit mit einigen tropfen wasser besprühen und mit klarsichtfolie auslegen). im kühlschrank gut durchkühlen lassen.

mit diversen frucht- (siehe kapitel „äpfel, birnen und co") und schokosaucen servieren. die bombe kann man gestürzt auch mit fantasievoll aufgespritztem obers vollenden.

übrigens: statt schoko-„flammeri" sagen wir im weinviertel immer noch schokoladepudding   auch wenn darunter inzwischen meist das instant-produkt aus dem packerl verstanden wird ...

80 g dunkle schokolade (kuvertüre) – je mehr kakaobestandteile die schokolade hat, desto intensiver und herber wird der flammeri

40 g stärke

2 dotter

1/2 l milch

1 pk bourbon-vanillezucker

2 blatt gelatine

nudeln mit schokosauce

das musste ich einige male den kindern des scheichs von katar kochen

orangen filetieren und in würferln schneiden. nudeln in salzwasser al dente (bissfest) kochen, abseihen. die schokolade in der hälfte des obers aufkochen. schokoladesauce und orangenwürferln über die nudeln streuen. das restliche obers aufschlagen und mit vanillezucker und kokosraspel zum garnieren verwenden.

> 200 g hörnchennudeln, penne oder bandnudeln
> 200 g bitterschokolade
> 1/4 l obers
> 1 bis 2 orangen
> 50 g kokosraspel (ersetzt optisch den parmesan, falls man das mag)
> 1 pk bourbon-vanillezucker

nougatsauce

100 g nougat (mandel- oder haselnussnougat) in 1/4 l obers schmelzen, glatt rühren und mit zitrone abschmecken.

schokotrüffeln

schokolade zerbrechen und mit obers unter ständigem rühren aufkochen. kühl stellen und einen tag lang „reifen" lassen. danach mit der hand zu runden trüffeln rollen und in kakao-pulver wälzen.

varianten: natürlich können sie auch weiße schokotrüffeln fabrizieren. sie ersetzen die dunkle durch helle kuvertüre und wälzen die trüffeln dann in kokosflocken. ein anderes, feines aroma erhalten die trüffeln, wenn man die masse mit etwas gutem rum oder bitterem orangenlikör vermischt.

> 250 g dunkle kuvertüre (je nach persönlichem geschmack mit mehr
> oder weniger kakaobestandteilen)
> 250 g obers
> 50 g bensdorp kakao-pulver

manners schokolademarquise

„marquise" war ursprünglich ein mit viel butter angereichertes, schnittfestes schokolademousse. dieses rezept ist eine leichte variante mit schokolade, die beinahe aus meiner heimat kommt, da manner in wolkersdorf produziert. wie gesagt: alles möglichst aus der gegend ...

gelatine einweichen. neskaffee mit 3 el heißem wasser verrühren. kaffee mit den dottern über dampf in einem schneekessel mit dem schneebesen schlagen (dafür wasser zum kochen bringen oder bereits kochende flüssigkeit verwenden). wenn sie aufgeschlagen sind und die masse warm genug ist, die gelatine mitrühren. von der hitze nehmen und kalt schlagen. kochschokolade brechen und über dampf oder in der mikrowelle (halbe leistung, ca. 2 minuten) schmelzen lassen, in die dottermasse einrühren. obers schlagen und vorsichtig darunter ziehen. kastenform mit einigen tropfen wasser besprühen und mit klarsichtfolie glatt auslegen. schokomarquise einfüllen und einige stunden (am besten über nacht) kühl stellen.

150 g manner kochschokolade
6 dotter
1 kleiner espresso oder 1 el neskaffee
4 blatt gelatine
1/2 l obers

schokoblätter

kuvertüre im wasserbad schmelzen und auf 32 grad temperieren, sodass sie dickflüssig ist. buchenblätter waschen und kuvertüre mit einem pinsel dünn auftragen. blätter nebeneinander auflegen und im kühlschrank ganz fest werden lassen. das schokoblatt vorsichtig abziehen.

250 g kuvertüre (je nach geschmack hell oder dunkel)
buchenblätter

bis hierher durchgekocht? mit allem fertig geworden? nichts ist angebrannt? nun ein großes lob an alle werten leserinnen, userinnen, esserinnen, mitesserinnen, köchinnen oder commis, helferinnen, abwäscherinnen, dienerinnen des großen hobbykochs: nun geht's an das abwaschen, jetzt könnt ihr alle euren teamgeist zeigen. das gehört auch zum guten kochen!

u. v. w. ...

WEIN

ist im weinviertel groß zu schreiben, und zu allen meinen gerichten passt er, in ausnahmefällen, wo's scharf wird, eventuell hubertusbier aus laa.
autofahrer, und das wird ihnen der gendarmeriebeamte jetzt und auch in zukunft weisen und beweisen, bleiben bei den naturtrüben spezialitäten der umgebung wie apfelsaft, birnen-, pfirsich-, rotem traubennektar oder weißem traubensaft, den alternativen, meist von winzern als alkoholfreie driversedition zum überleben in einer alkoholärmeren zeit erdacht!

und dann der mediale paukenschlag unserer jetztzeit

DAC „weinviertel Districtus Austriae Controllatus"

j. p., dem weinbaupräsi, ist es endlich gelungen, die spitzenwinzer und die motivierten auf einen nenner zu bringen, sich mit der traube aller trauben des weinviertels, dem grünen veltliner, in einer nie zuvor gestarteten action zu beschäftigen, rückbesinnung, geschmackstypisches dieser traube zum kulturgut zu erheben, regeln zu erdenken, um diese qualität beständig zu sichern. es passiert viel gutes im weinviertel, kommen sie, schauen sie, kosten sie, die vielen neuen weinstraßen laden sie dazu ein ... und schmausen war nie verboten!

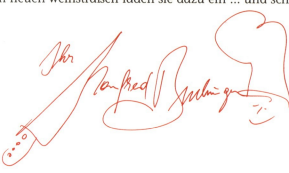

register